Ivan Koesjnir

Economie van de wereld

Serie "Economie in landen"

eerst gepubliceerd: 2021
laatst bijgewerkt: 2021-02-02

Ivan Koesjnir. Economie van de wereld. Serie "Economie in landen". - 2021. - 67 pages.

Dit boek over de economie van de wereld van de jaren 1970 tot de jaren 2010. Brongegevens uit UN Data.

Grootte. In de jaren 2010 was het bruto binnenlands product van de wereld gelijk aan US$77,8 biljoen per jaar; de waarde van de landbouw was US$3,2 biljoen; de waarde van de industrie was US$17,0 biljoen.

Productiviteit. In de jaren 2010 bedroeg het bruto binnenlands product per hoofd van de bevolking $10.603,1, de waarde van de landbouw per hoofd $432,1, de waarde van de industrie per hoofd $2.320,9.

Groei. In de jaren 2010 bedroeg de groei van het bruto binnenlands product 3,1%; de groei van de landbouw was 2,9%; de groei van de industrie was 3,5%.

Structuur. In de jaren 2010 omvatte de economie van de wereld: diensten (44,3%), industrie (23,0%), handel (14,2%), vervoer (8,6%), bouw (5,7%) en landbouw (4,3%).

Serie "Economie in landen": parallel.page.link/nl

ISBN: 9798701846300

Inhoud

Part I. Grootte   4

Hoofdstuk I. Bruto binnenlands product   5

Hoofdstuk II. Toegevoegde waarde   8

Hoofdstuk III. Bruto nationaal inkomen   11

Part II. Structuur   14

Hoofdstuk IV. Landbouw   15

Hoofdstuk V. Industrie   19

Hoofdstuk 5.1. Fabricage   23

Hoofdstuk VI. Constructie   27

Hoofdstuk VII. Vervoer   31

Hoofdstuk VIII. Handel   35

Hoofdstuk IX. Diensten   39

Part III. Externe betrekkingen   43

Hoofdstuk X. Uitvoer   44

Hoofdstuk XI. Invoer   48

Part IV. Verbruik   52

Hoofdstuk XII. Overheidsuitgaven   53

Hoofdstuk XIII. Huishoudelijke uitgaven   57

Hoofdstuk XIV. Voedsel consumptie   61

Part V. Reproductie   63

Hoofdstuk XV. Bruto-investeringen in vaste activa   64

Part I. Grootte

Hoofdstuk I. Bruto binnenlands product

Het BBP van de wereld steeg van US$6,5 biljoen per jaar in de jaren 1970 tot US$77,8 biljoen per jaar in de jaren 2010, dat wil zeggen met US$71,2 biljoen of 11,9 keer. De verandering vond plaats op US$55,6 biljoen als gevolg van een 3,5-voudige stijging van de prijzen, en ook op US$10,2 biljoen als gevolg van een 1,9-voudige toename van de productiviteit , evenals op US$5,3 biljoen als gevolg van de toename van de bevolking. De gemiddelde jaarlijkse groei van het BBP is 3,2%. De minimumwaarde van het BBP bedroeg US$3,4 biljoen in 1970. De maximumwaarde van het bruto binnenlands product bedroeg US$87,4 biljoen in 2019.

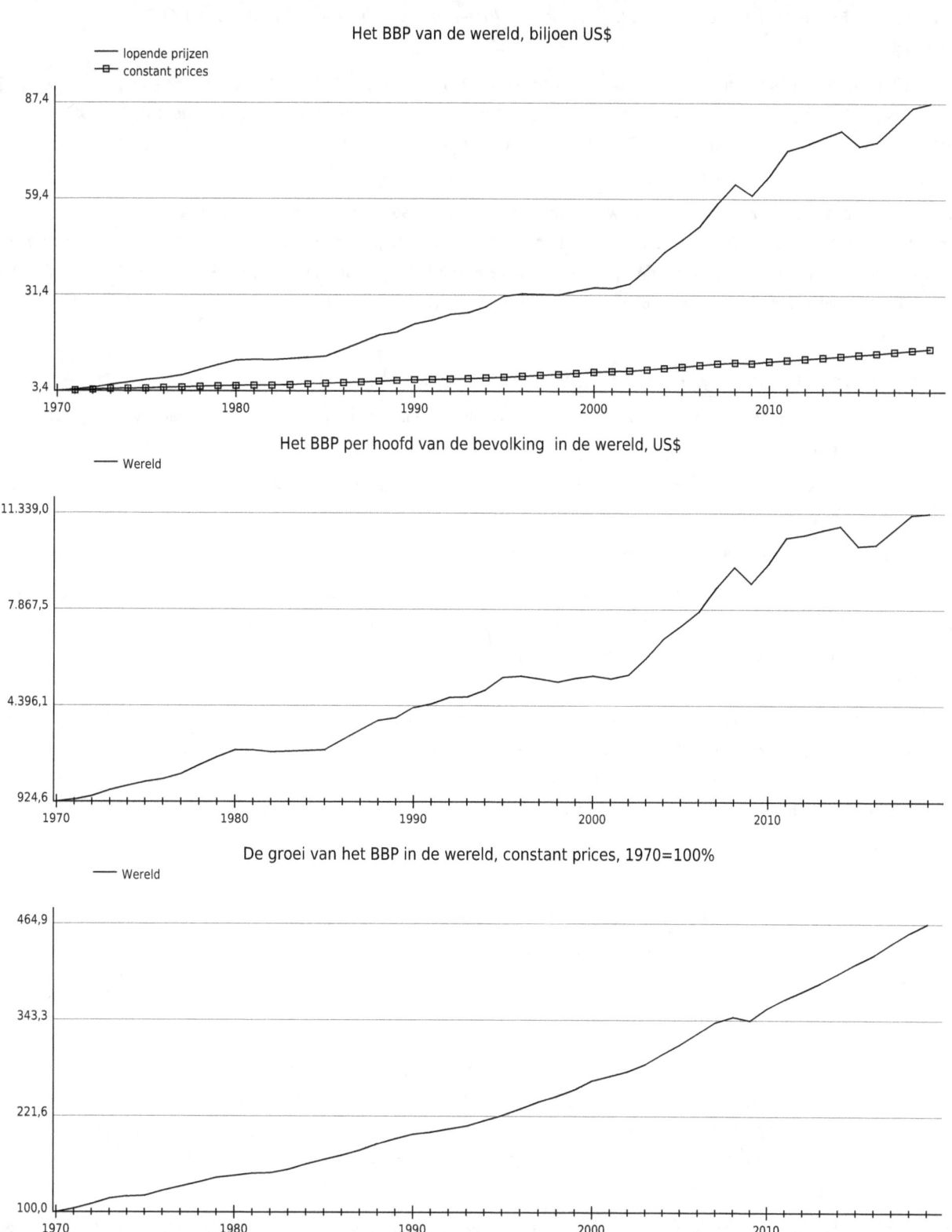

Het BBP van de wereld, biljoen US$

Het BBP per hoofd van de bevolking in de wereld, US$

De groei van het BBP in de wereld, constant prices, 1970=100%

de jaren 1970

Het BBP van de wereld bedroeg in de jaren 1970 US$6,5 biljoen per jaar.

Het bruto binnenlands product van de wereld bestond uit: huishoudelijke uitgaven (56,4%), kapitaalvorming (27,9%) en overheidsuitgaven (16,4%).

Het bruto binnenlands product per hoofd in de wereld was $1.620,8 in de jaren 1970s, en was vergelijkbaar met Mexico (US$1.608,5), Joegoslavië (US$1.604,7), Malta (US$1.586,4).

De groei van het BBP in de wereld bedroeg 4.1% in de jaren 1970, en was vergelijkbaar met Amerika (4,1%), Zuid-Europa (4,1%), Sri Lanka (4,1%).

Regio's. Het bruto binnenlands product van de wereld in de jaren 1970 bestond uit: Europa (40,9%), Amerika (34,6%), Azië (18,6%), Afrika (4,1%) en Oceanië (1,8%). Het bruto binnenlands product per hoofd van de bevolking in regio's: Oceanië ($5.398,2), Amerika ($4.044,6), Europa ($3.694,0), Afrika ($648,3) en Azië ($525,2). De groei van het BBP in regio's: Azië (5,5%), Afrika (4,5%), Amerika (4,1%), Europa (3,6%) en Oceanië (2,8%).

Leiders. Het bruto binnenlands product van de wereld in de jaren 1970 bestond uit: Verenigde Staten (26,1%), Sovjet-Unie (9,9%), Japan (8,5%), Duitsland (7,4%), Frankrijk (5,1%), en andere (42,9%). Het bruto binnenlands product per hoofd in de wereld onder de leiders: Verenigde Staten ($7.838,7), Frankrijk ($6.214,9), Duitsland ($6.148,9), Japan ($5.011,3) en Sovjet-Unie ($2.574,9). De groei van het BBP onder de leiders: Sovjet-Unie (4,8%), Japan (4,6%), Frankrijk (3,9%), Verenigde Staten (3,5%) en Duitsland (3,1%).

de jaren 1980

Het bruto binnenlands product van de wereld bedroeg in de jaren 1980 US$15,1 biljoen per jaar.

Het bruto binnenlands product van de wereld bestond uit: huishoudelijke uitgaven (57,9%), kapitaalvorming (26,0%) en overheidsuitgaven (16,8%).

Het bruto binnenlands product per hoofd in de wereld was $3.123,4 in de jaren 1980s, en was vergelijkbaar met Palau (US$3,1 duizend), Joegoslavië (US$3,1 duizend).

De groei van het bruto binnenlands product in de wereld bedroeg 3% in de jaren 1980.

Regio's. Het bruto binnenlands product van de wereld in de jaren 1980 bestond uit: Europa (35,9%), Amerika (35,8%), Azië (23,0%), Afrika (3,6%) en Oceanië (1,7%). Het bruto binnenlands product per hoofd van de bevolking in regio's: Oceanië ($10.390,7), Amerika ($8.168,9), Europa ($7.066,6), Azië ($1.222,0) en Afrika ($993,3). De groei van het BBP in regio's: Azië (4,6%), Oceanië (3,1%), Amerika (2,8%), Europa (2,5%) en Afrika (1,8%).

Leiders. Het bruto binnenlands product van de wereld in de jaren 1980 bestond uit: Verenigde Staten (27,6%), Japan (12,0%), Duitsland (6,6%), Sovjet-Unie (5,9%), Frankrijk (4,8%), en andere (43,1%). Het bruto binnenlands product per hoofd in de wereld onder de leiders: Verenigde Staten ($17.427,1), Japan ($14.970,9), Frankrijk ($12.907,5), Duitsland ($12.688,8) en Sovjet-Unie ($3.222,9). De groei van het bruto binnenlands product onder de leiders: Sovjet-Unie (4,3%), Japan (4,3%), Verenigde Staten (3,1%), Frankrijk (2,3%) en Duitsland (1,9%).

de jaren 1990

Het bruto binnenlands product van de wereld bedroeg in de jaren 1990 US$28,6 biljoen per jaar.

Het BBP van de wereld bestond uit: huishoudelijke uitgaven (59,0%), kapitaalvorming (24,3%) en overheidsuitgaven (16,4%).

Het bruto binnenlands product per hoofd in de wereld was $5.020,1 in de jaren 1990s, en was vergelijkbaar met Saint Lucia (US$5,0 duizend), Tsjechië (US$5,0 duizend), Mexico (US$5,0 duizend).

De groei van het BBP in de wereld bedroeg 2.8% in de jaren 1990, en was vergelijkbaar met Oost-Afrika (2,8%), Tsjaad (2,9%).

Regio's. Het bruto binnenlands product van de wereld in de jaren 1990 bestond uit: Amerika (35,0%), Europa (34,2%), Azië (27,2%), Afrika (2,1%) en Oceanië (1,6%). Het bruto binnenlands product per hoofd van de bevolking in regio's: Oceanië ($15.413,2), Europa ($13.469,1), Amerika ($12.984,7), Azië ($2.243,8) en Afrika ($833,3). De groei van het BBP in regio's: Azië (4,7%), Oceanië (3,3%), Amerika (3,1%), Afrika (2,4%) en Europa (1,4%).

Leiders. Het bruto binnenlands product van de wereld in de jaren 1990 bestond uit: Verenigde Staten (26,5%), Japan (15,1%), Duitsland

(7,6%), Frankrijk (5,0%), Verenigd Koninkrijk (4,6%), en andere (41,1%). Het BBP per hoofd in de wereld onder de leiders: Japan ($34.325,0), Verenigde Staten ($28.654,0), Duitsland ($27.003,8), Frankrijk ($24.100,9) en Verenigd Koninkrijk ($22.920,4). De groei van het BBP onder de leiders: Verenigde Staten (3,2%), Verenigd Koninkrijk (2,3%), Duitsland (2,2%), Frankrijk (2,0%) en Japan (1,5%).

de jaren 2000

Het bruto binnenlands product van de wereld bedroeg in de jaren 2000 US$46,7 biljoen per jaar.

Het bruto binnenlands product van de wereld bestond uit: huishoudelijke uitgaven (58,6%), kapitaalvorming (24,2%) en overheidsuitgaven (16,7%).

Het bruto binnenlands product per hoofd in de wereld was $7.176,3 in de jaren 2000s, en was vergelijkbaar met Zuidwest-Azië (US$7,3 duizend).

De groei van het BBP in de wereld bedroeg 3% in de jaren 2000, en was vergelijkbaar met Madagaskar (3,0%), Kroatië (3,0%), Oceanië (3,0%).

Regio's. Het BBP van de wereld in de jaren 2000 bestond uit: Amerika (35,8%), Europa (33,1%), Azië (26,9%), Afrika (2,4%) en Oceanië (1,8%). Het bruto binnenlands product per hoofd van de bevolking in regio's: Oceanië ($24.984,1), Europa ($21.115,4), Amerika ($19.020,5), Azië ($3.180,5) en Afrika ($1.228,8). De groei van het BBP in regio's: Azië (5,2%), Afrika (5,1%), Oceanië (3,0%), Amerika (2,1%) en Europa (1,8%).

Leiders. Het BBP van de wereld in de jaren 2000 bestond uit: Verenigde Staten (27,0%), Japan (10,0%), Duitsland (5,9%), China (5,6%), Verenigd Koninkrijk (5,0%), en andere (46,6%). Het BBP per hoofd in de wereld onder de leiders: Verenigde Staten ($42.841,2), Verenigd Koninkrijk ($38.399,3), Japan ($36.386,2), Duitsland ($33.966,8) en China ($1.954,1). De groei van het BBP onder de leiders: China (10,3%), Verenigde Staten (1,9%), Verenigd Koninkrijk (1,7%), Duitsland (0,73%) en Japan (0,50%).

de jaren 2010

Het bruto binnenlands product van de wereld bedroeg in de jaren 2010 US$77,8 biljoen per jaar.

Het bruto binnenlands product van de wereld bestond uit: huishoudelijke uitgaven (56,8%), kapitaalvorming (25,6%) en overheidsuitgaven (16,8%).

Het bruto binnenlands product per hoofd in de wereld was $10.603,1 in de jaren 2010s, en was vergelijkbaar met Brazilië (US$10,6 duizend), Maleisië (US$10,6 duizend), Kazachstan (US$10,7 duizend).

De groei van het BBP in de wereld bedroeg 3.1% in de jaren 2010, en was vergelijkbaar met Uruguay (3,1%), Namibië (3,1%), Luxemburg (3,1%).

Regio's. Het BBP van de wereld in de jaren 2010 bestond uit: Azië (35,2%), Amerika (32,7%), Europa (27,0%), Afrika (3,0%) en Oceanië (2,1%). Het BBP per hoofd van de bevolking in regio's: Oceanië ($42.253,4), Europa ($28.186,8), Amerika ($26.129,9), Azië ($6.207,1) en Afrika ($1.979,5). De groei van het BBP in regio's: Azië (5,2%), Afrika (2,9%), Oceanië (2,5%), Amerika (2,2%) en Europa (1,6%).

Leiders. Het bruto binnenlands product van de wereld in de jaren 2010 bestond uit: Verenigde Staten (23,1%), China (13,5%), Japan (6,7%), Duitsland (4,7%), Verenigd Koninkrijk (3,6%), en andere (48,4%). Het bruto binnenlands product per hoofd in de wereld onder de leiders: Verenigde Staten ($56.220,1), Duitsland ($44.732,1), Verenigd Koninkrijk ($42.176,3), Japan ($40.869,8) en China ($7.491,3). De groei van het BBP onder de leiders: China (7,7%), Verenigde Staten (2,3%), Duitsland (1,9%), Verenigd Koninkrijk (1,8%) en Japan (1,3%).

Hoofdstuk II. Toegevoegde waarde

De toegevoegde waarde van de wereld steeg van US$6,3 biljoen per jaar in de jaren 1970 tot US$74,0 biljoen per jaar in de jaren 2010, dat wil zeggen met US$67,7 biljoen of 11,7 keer. De verandering vond plaats op US$53,6 biljoen als gevolg van een 3,6-voudige stijging van de prijzen, en ook op US$9,0 biljoen als gevolg van een 1,8-voudige toename van de productiviteit , evenals op US$5,2 biljoen als gevolg van de toename van de bevolking. De gemiddelde jaarlijkse groei van de toegevoegde waarde is 3,1%. De minimumwaarde van de toegevoegde waarde bedroeg US$3,3 biljoen in 1970. De maximumwaarde van de toegevoegde waarde bedroeg US$83,5 biljoen in 2019.

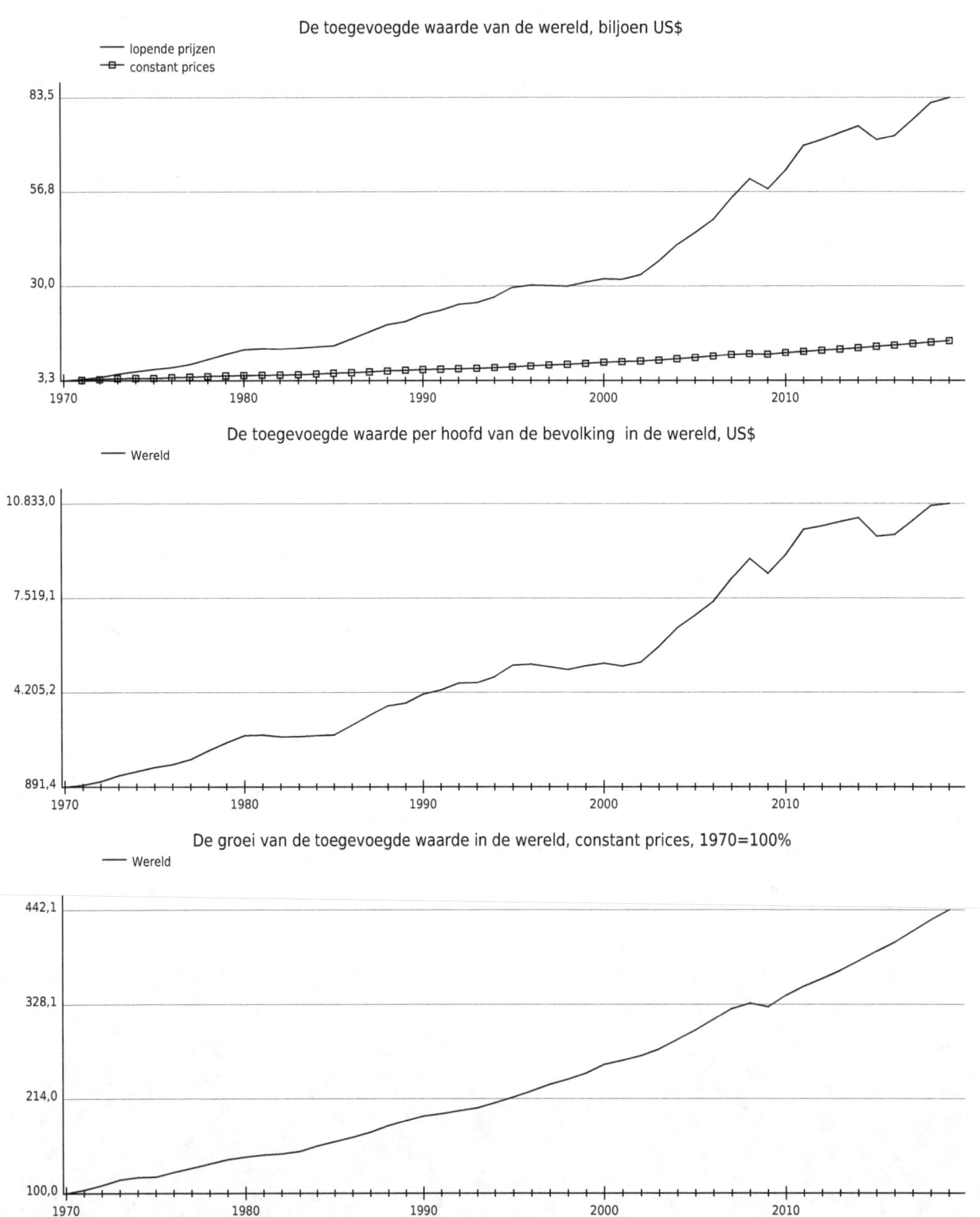

De toegevoegde waarde van de wereld, biljoen US$

De toegevoegde waarde per hoofd van de bevolking in de wereld, US$

De groei van de toegevoegde waarde in de wereld, constant prices, 1970=100%

de jaren 1970

De toegevoegde waarde van de wereld bedroeg in de jaren 1970 US$6,3 biljoen per jaar.

De totale toegevoegde waarde van de wereld bestond uit: diensten (32,4%), industrie (30,7%), handel (14,1%), landbouw (8,2%), transport (7,8%) en constructie (6,8%).

De toegevoegde waarde per hoofd in de wereld was $1.564,4 in de jaren 1970s, en was vergelijkbaar met Suriname (US$1.543,2), Macau (US$1.603,6).

De groei van de toegevoegde waarde in de wereld bedroeg 3.9% in de jaren 1970, en was vergelijkbaar met Anguilla (3,8%), San Marino (3,8%), Mozambique (3,9%).

Regio's. De toegevoegde waarde van de wereld in de jaren 1970 bestond uit: Europa (40,3%), Amerika (35,3%), Azië (18,7%), Afrika (4,0%) en Oceanië (1,7%). De toegevoegde waarde per hoofd van de bevolking in regio's: Oceanië ($5.074,3), Amerika ($3.985,3), Europa ($3.506,2), Afrika ($619,0) en Azië ($508,3). De groei van de toegevoegde waarde in regio's: Azië (5,5%), Afrika (4,9%), Amerika (3,5%), Europa (3,4%) en Oceanië (3,2%).

Leiders. De toegevoegde waarde van de wereld in de jaren 1970 bestond uit: Verenigde Staten (26,8%), Sovjet-Unie (10,3%), Japan (8,6%), Duitsland (7,0%), Frankrijk (4,7%), en andere (42,5%). De toegevoegde waarde per hoofd in de wereld onder de leiders: Verenigde Staten ($7.767,9), Duitsland ($5.650,3), Frankrijk ($5.544,4), Japan ($4.897,5) en Sovjet-Unie ($2.574,9). De groei van de toegevoegde waarde onder de leiders: Japan (4,9%), Sovjet-Unie (4,8%), Frankrijk (3,7%), Duitsland (3,1%) en Verenigde Staten (2,9%).

de jaren 1980

De toegevoegde waarde van de wereld bedroeg in de jaren 1980 US$14,6 biljoen per jaar.

De totale toegevoegde waarde van de wereld bestond uit: diensten (36,8%), industrie (28,4%), handel (14,4%), vervoer (8,0%), landbouw (6,2%) en constructie (6,1%).

De toegevoegde waarde per hoofd in de wereld was $3.029,9 in de jaren 1980s, en was vergelijkbaar met Argentinië (US$3,1 duizend), Suriname (US$3,1 duizend), Oost-Europa (US$3,0 duizend).

De groei van de toegevoegde waarde in de wereld bedroeg 2.9% in de jaren 1980, en was vergelijkbaar met de Federale Staten van Micronesië (2,9%), Oost-Afrika (2,9%), Ecuador (2,9%).

Regio's. De toegevoegde waarde van de wereld in de jaren 1980 bestond uit: Amerika (36,9%), Europa (34,8%), Azië (23,1%), Afrika (3,5%) en Oceanië (1,7%). De toegevoegde waarde per hoofd van de bevolking in regio's: Oceanië ($9.797,7), Amerika ($8.159,2), Europa ($6.647,9), Azië ($1.191,9) en Afrika ($948,7). De groei van de toegevoegde waarde in regio's: Azië (4,3%), Oceanië (3,4%), Amerika (2,7%), Europa (2,6%) en Afrika (1,2%).

Leiders. De toegevoegde waarde van de wereld in de jaren 1980 bestond uit: Verenigde Staten (28,5%), Japan (12,3%), Duitsland (6,2%), Sovjet-Unie (6,1%), Frankrijk (4,4%), en andere (42,5%). De toegevoegde waarde per hoofd in de wereld onder de leiders: Verenigde Staten ($17.439,9), Japan ($14.839,7), Duitsland ($11.624,4), Frankrijk ($11.516,2) en Sovjet-Unie ($3.222,9). De groei van de toegevoegde waarde onder de leiders: Sovjet-Unie (4,3%), Japan (4,2%), Verenigde Staten (2,8%), Frankrijk (2,2%) en Duitsland (2,0%).

de jaren 1990

De toegevoegde waarde van de wereld bedroeg in de jaren 1990 US$27,4 biljoen per jaar.

De totale toegevoegde waarde van de wereld bestond uit: diensten (42,0%), industrie (24,5%), handel (15,0%), vervoer (8,5%), bouw (5,8%) en landbouw (4,2%).

De toegevoegde waarde per hoofd in de wereld was $4.799,9 in de jaren 1990s, en was vergelijkbaar met Mexico (US$4,8 duizend).

De groei van de toegevoegde waarde in de wereld bedroeg 2.7% in de jaren 1990, en was vergelijkbaar met Dominica (2,7%), Honduras (2,7%).

Regio's. De toegevoegde waarde van de wereld in de jaren 1990 bestond uit: Amerika (36,0%), Europa (32,6%), Azië (27,8%), Afrika (2,1%) en Oceanië (1,5%). De toegevoegde waarde per hoofd van de bevolking in regio's: Oceanië ($14.241,8), Amerika ($12.777,9), Europa ($12.269,4), Azië ($2.197,3) en Afrika ($793,2). De groei van de toegevoegde waarde in regio's: Azië (4,6%), Oceanië (3,3%),

Amerika (2,8%), Afrika (2,3%) en Europa (1,3%).

Leiders. De toegevoegde waarde van de wereld in de jaren 1990 bestond uit: Verenigde Staten (27,6%), Japan (15,8%), Duitsland (7,2%), Frankrijk (4,7%), Verenigd Koninkrijk (4,5%), en andere (40,1%). De toegevoegde waarde per hoofd in de wereld onder de leiders: Japan ($34.190,7), Verenigde Staten ($28.605,8), Duitsland ($24.519,7), Frankrijk ($21.588,1) en Verenigd Koninkrijk ($21.414,8). De groei van de toegevoegde waarde onder de leiders: Verenigde Staten (2,8%), Verenigd Koninkrijk (2,4%), Duitsland (2,1%), Frankrijk (1,8%) en Japan (1,8%).

de jaren 2000

De toegevoegde waarde van de wereld bedroeg in de jaren 2000 US$44,3 biljoen per jaar.

De totale toegevoegde waarde van de wereld bestond uit: diensten (44,2%), industrie (23,1%), handel (14,5%), vervoer (9,1%), bouw (5,6%) en landbouw (3,5%).

De toegevoegde waarde per hoofd in de wereld was $6.818,0 in de jaren 2000s, en was vergelijkbaar met Chili (US$6,8 duizend), Zuidwest-Azië (US$6,9 duizend).

De groei van de toegevoegde waarde in de wereld bedroeg 2.9% in de jaren 2000, en was vergelijkbaar met Luxemburg (2,9%), Kroatië (2,9%).

Regio's. De toegevoegde waarde van de wereld in de jaren 2000 bestond uit: Amerika (36,9%), Europa (31,2%), Azië (27,7%), Afrika (2,4%) en Oceanië (1,7%). De toegevoegde waarde per hoofd van de bevolking in regio's: Oceanië ($23.074,9), Europa ($18.944,1), Amerika ($18.623,4), Azië ($3.111,3) en Afrika ($1.165,9). De groei van de toegevoegde waarde in regio's: Azië (5,1%), Afrika (4,9%), Oceanië (3,0%), Amerika (1,9%) en Europa (1,7%).

Leiders. De toegevoegde waarde van de wereld in de jaren 2000 bestond uit: Verenigde Staten (28,4%), Japan (10,5%), China (5,8%), Duitsland (5,6%), Verenigd Koninkrijk (4,7%), en andere (44,9%). De toegevoegde waarde per hoofd in de wereld onder de leiders: Verenigde Staten ($42.840,8), Japan ($36.383,0), Verenigd Koninkrijk ($34.611,1), Duitsland ($30.717,6) en China ($1.954,1). De groei van de toegevoegde waarde onder de leiders: China (10,2%), Verenigde Staten (1,7%), Verenigd Koninkrijk (1,7%), Duitsland (0,65%) en Japan (0,27%).

de jaren 2010

De toegevoegde waarde van de wereld bedroeg in de jaren 2010 US$74,0 biljoen per jaar.

De totale toegevoegde waarde van de wereld bestond uit: diensten (44,3%), industrie (23,0%), handel (14,2%), vervoer (8,6%), bouw (5,7%) en landbouw (4,3%).

De toegevoegde waarde per hoofd in de wereld was $10.094,6 in de jaren 2010s, en was vergelijkbaar met Kazachstan (US$9,9 duizend), Costa Rica (US$9,9 duizend).

De groei van de toegevoegde waarde in de wereld bedroeg 3.1% in de jaren 2010, en was vergelijkbaar met Luxemburg (3,1%), Montenegro (3,1%).

Regio's. De toegevoegde waarde van de wereld in de jaren 2010 bestond uit: Azië (36,1%), Amerika (33,4%), Europa (25,4%), Afrika (3,0%) en Oceanië (2,1%). De toegevoegde waarde per hoofd van de bevolking in regio's: Oceanië ($39.391,3), Amerika ($25.411,8), Europa ($25.251,2), Azië ($6.065,5) en Afrika ($1.886,4). De groei van de toegevoegde waarde in regio's: Azië (5,3%), Afrika (2,7%), Oceanië (2,5%), Amerika (2,1%) en Europa (1,6%).

Leiders. De toegevoegde waarde van de wereld in de jaren 2010 bestond uit: Verenigde Staten (24,3%), China (14,2%), Japan (7,0%), Duitsland (4,5%), Verenigd Koninkrijk (3,3%), en andere (46,7%). De toegevoegde waarde per hoofd in de wereld onder de leiders: Verenigde Staten ($56.220,3), Japan ($40.660,3), Duitsland ($40.346,4), Verenigd Koninkrijk ($37.659,6) en China ($7.491,3). De groei van de toegevoegde waarde onder de leiders: China (7,7%), Verenigde Staten (2,2%), Duitsland (1,9%), Verenigd Koninkrijk (1,8%) en Japan (1,3%).

Hoofdstuk III. Bruto nationaal inkomen

Het bruto nationaal inkomen van de wereld steeg van US$6,6 biljoen per jaar in de jaren 1970 tot US$77,8 biljoen per jaar in de jaren 2010, dat wil zeggen met US$71,3 biljoen of 11,9 keer. De verandering vond plaats op US$55,7 biljoen als gevolg van een 3,5-voudige stijging van de prijzen, en ook op US$10,2 biljoen als gevolg van een 1,9-voudige toename van de productiviteit , evenals op US$5,4 biljoen als gevolg van de toename van de bevolking. De gemiddelde jaarlijkse groei van het BNI is 3,2%. De minimumwaarde van het BNI bedroeg US$3,4 biljoen in 1970. De maximumwaarde van het bruto nationaal inkomen bedroeg US$87,4 biljoen in 2019.

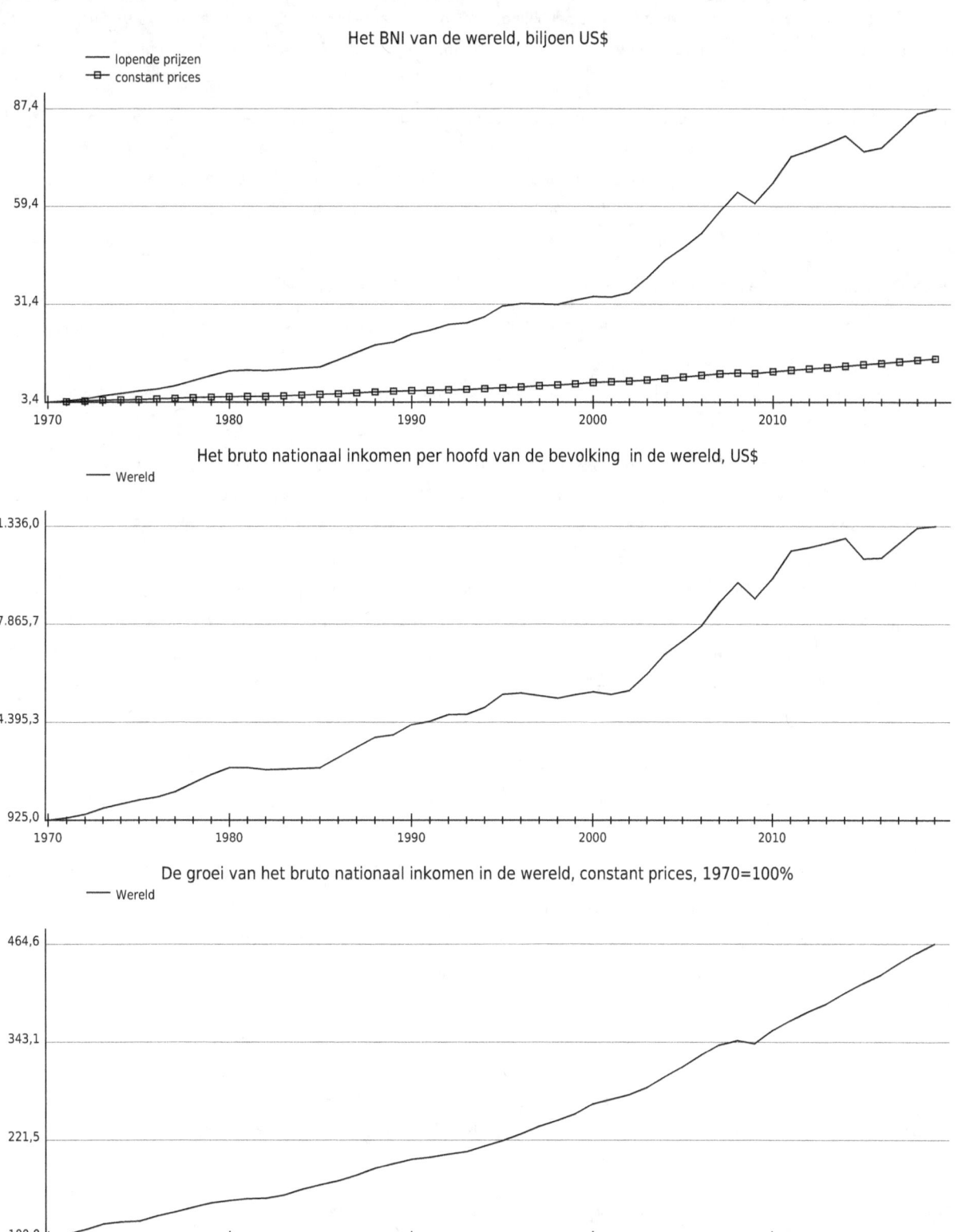

de jaren 1970

Het BNI van de wereld bedroeg in de jaren 1970 US$6,6 biljoen per jaar.

Het bruto nationaal inkomen per hoofd in de wereld was $1.624,3 in de jaren 1970s, en was vergelijkbaar met Turkije (US$1.609,5).

De groei van het bruto nationaal inkomen in de wereld bedroeg 4.1% in de jaren 1970, en was vergelijkbaar met Zuid-Europa (4,1%), Canada (4,1%), Somalië (4,1%).

Regio's. Het BNI van de wereld in de jaren 1970 bestond uit: Europa (41,3%), Amerika (34,3%), Azië (18,7%), Afrika (4,0%) en Oceanië (1,7%). Het bruto nationaal inkomen per hoofd van de bevolking in regio's: Oceanië ($5.334,5), Amerika ($4.019,9), Europa ($3.730,2), Afrika ($632,4) en Azië ($529,4). De groei van het BNI in regio's: Azië (5,5%), Afrika (4,7%), Amerika (4,0%), Europa (3,6%) en Oceanië (2,8%).

Leiders. Het bruto nationaal inkomen van de wereld in de jaren 1970 bestond uit: Verenigde Staten (26,1%), Sovjet-Unie (9,9%), Japan (8,5%), Duitsland (7,4%), Frankrijk (5,1%), en andere (43,0%). Het bruto nationaal inkomen per hoofd in de wereld onder de leiders: Verenigde Staten ($7.837,2), Frankrijk ($6.235,1), Duitsland ($6.174,4), Japan ($5.015,3) en Sovjet-Unie ($2.574,9). De groei van het BNI onder de leiders: Sovjet-Unie (4,8%), Japan (4,7%), Frankrijk (3,9%), Verenigde Staten (3,5%) en Duitsland (3,0%).

de jaren 1980

Het bruto nationaal inkomen van de wereld bedroeg in de jaren 1980 US$15,1 biljoen per jaar.

Het BNI per hoofd in de wereld was $3.117,1 in de jaren 1980s, en was vergelijkbaar met Argentinië (US$3,2 duizend), Joegoslavië (US$3,2 duizend).

De groei van het bruto nationaal inkomen in de wereld bedroeg 3% in de jaren 1980, en was vergelijkbaar met Colombia (3,0%), de Seychellen (3,0%), Oost-Afrika (3,0%).

Regio's. Het BNI van de wereld in de jaren 1980 bestond uit: Europa (36,2%), Amerika (35,4%), Azië (23,2%), Afrika (3,4%) en Oceanië (1,7%). Het BNI per hoofd van de bevolking in regio's: Oceanië ($10.137,3), Amerika ($8.063,2), Europa ($7.107,7), Azië ($1.233,8) en Afrika ($957,8). De groei van het bruto nationaal inkomen in regio's: Azië (4,6%), Oceanië (2,9%), Amerika (2,8%), Europa (2,4%) en Afrika (1,6%).

Leiders. Het BNI van de wereld in de jaren 1980 bestond uit: Verenigde Staten (27,6%), Japan (12,1%), Duitsland (6,6%), Sovjet-Unie (5,9%), Frankrijk (4,9%), en andere (42,9%). Het bruto nationaal inkomen per hoofd in de wereld onder de leiders: Verenigde Staten ($17.362,5), Japan ($15.042,8), Frankrijk ($12.952,6), Duitsland ($12.771,0) en Sovjet-Unie ($3.222,9). De groei van het bruto nationaal inkomen onder de leiders: Japan (4,4%), Sovjet-Unie (4,3%), Verenigde Staten (3,1%), Frankrijk (2,3%) en Duitsland (2,0%).

de jaren 1990

Het bruto nationaal inkomen van de wereld bedroeg in de jaren 1990 US$28,4 biljoen per jaar.

Het bruto nationaal inkomen per hoofd in de wereld was $4.991,4 in de jaren 1990s, en was vergelijkbaar met Tsjechië (US$4,9 duizend).

De groei van het bruto nationaal inkomen in de wereld bedroeg 2.8% in de jaren 1990, en was vergelijkbaar met Oost-Afrika (2,9%).

Regio's. Het BNI van de wereld in de jaren 1990 bestond uit: Amerika (34,7%), Europa (34,3%), Azië (27,5%), Afrika (2,0%) en Oceanië (1,5%). Het bruto nationaal inkomen per hoofd van de bevolking in regio's: Oceanië ($14.867,3), Europa ($13.437,3), Amerika ($12.792,4), Azië ($2.257,5) en Afrika ($799,7). De groei van het bruto nationaal inkomen in regio's: Azië (4,6%), Oceanië (3,3%), Amerika (3,2%), Afrika (2,5%) en Europa (1,3%).

Leiders. Het bruto nationaal inkomen van de wereld in de jaren 1990 bestond uit: Verenigde Staten (26,5%), Japan (15,4%), Duitsland (7,7%), Frankrijk (5,1%), Verenigd Koninkrijk (4,7%), en andere (40,7%). Het BNI per hoofd in de wereld onder de leiders: Japan ($34.665,3), Verenigde Staten ($28.503,5), Duitsland ($27.004,0), Frankrijk ($24.286,5) en Verenigd Koninkrijk ($23.037,3). De groei van het BNI onder de leiders: Verenigde Staten (3,4%), Frankrijk (2,2%), Verenigd Koninkrijk (2,0%), Duitsland (2,0%) en Japan (1,5%).

de jaren 2000

Het bruto nationaal inkomen van de wereld bedroeg in de jaren 2000 US$46,6 biljoen per jaar.

Het bruto nationaal inkomen per hoofd in de wereld was $7.165,2 in de jaren 2000s, en was vergelijkbaar met Zuidwest-Azië (US$7,3 duizend).

De groei van het BNI in de wereld bedroeg 3% in de jaren 2000, en was vergelijkbaar met Australazië (3,0%), Bosnië en Herzegovina (3,0%), Madagaskar (3,0%).

Regio's. Het bruto nationaal inkomen van de wereld in de jaren 2000 bestond uit: Amerika (35,8%), Europa (33,1%), Azië (27,1%), Afrika (2,3%) en Oceanië (1,7%). Het BNI per hoofd van de bevolking in regio's: Oceanië ($24.025,1), Europa ($21.073,1), Amerika ($18.970,5), Azië ($3.199,2) en Afrika ($1.185,1). De groei van het BNI in regio's: Azië (5,3%), Afrika (5,1%), Oceanië (2,9%), Amerika (2,1%) en Europa (1,8%).

Leiders. Het BNI van de wereld in de jaren 2000 bestond uit: Verenigde Staten (27,2%), Japan (10,2%), Duitsland (6,0%), China (5,6%), Verenigd Koninkrijk (5,0%), en andere (46,0%). Het BNI per hoofd in de wereld onder de leiders: Verenigde Staten ($43.177,4), Verenigd Koninkrijk ($38.514,5), Japan ($37.144,2), Duitsland ($34.189,0) en China ($1.950,5). De groei van het bruto nationaal inkomen onder de leiders: China (10,4%), Verenigde Staten (1,8%), Verenigd Koninkrijk (1,7%), Duitsland (1,0%) en Japan (0,62%).

de jaren 2010

Het bruto nationaal inkomen van de wereld bedroeg in de jaren 2010 US$77,8 biljoen per jaar.

Het bruto nationaal inkomen per hoofd in de wereld was $10.611,7 in de jaren 2010s, en was vergelijkbaar met Oost-Europa (US$10,6 duizend), Turkije (US$10,8 duizend), Brazilië (US$10,4 duizend).

De groei van het BNI in de wereld bedroeg 3.1% in de jaren 2010, en was vergelijkbaar met Hongkong (3,1%), Namibië (3,1%).

Regio's. Het bruto nationaal inkomen van de wereld in de jaren 2010 bestond uit: Azië (35,3%), Amerika (32,9%), Europa (26,9%), Afrika (2,9%) en Oceanië (2,1%). Het bruto nationaal inkomen per hoofd van de bevolking in regio's: Oceanië ($41.051,4), Europa ($28.141,7), Amerika ($26.262,7), Azië ($6.227,9) en Afrika ($1.913,3). De groei van het bruto nationaal inkomen in regio's: Azië (5,2%), Afrika (2,9%), Oceanië (2,7%), Amerika (2,3%) en Europa (1,6%).

Leiders. Het BNI van de wereld in de jaren 2010 bestond uit: Verenigde Staten (23,5%), China (13,4%), Japan (6,9%), Duitsland (4,8%), Frankrijk (3,5%), en andere (47,8%). Het bruto nationaal inkomen per hoofd in de wereld onder de leiders: Verenigde Staten ($57.299,9), Duitsland ($45.801,3), Japan ($42.204,7), Frankrijk ($41.404,4) en China ($7.463,8). De groei van het bruto nationaal inkomen onder de leiders: China (7,7%), Verenigde Staten (2,5%), Duitsland (2,0%), Japan (1,4%) en Frankrijk (1,4%).

Part II. Structuur

	de jaren 2010
landbouw	4,3%
industrie	23,0%
constructie	5,7%
handel	14,2%
vervoer	8,6%
diensten	44,3%

Hoofdstuk IV. Landbouw

Landbouw, jacht, bosbouw, vissen (ISIC A-B)

De landbouw van de wereld steeg van US$515,4 miljard per jaar in de jaren 1970 tot US$3,2 biljoen per jaar in de jaren 2010, dat wil zeggen met US$2,7 biljoen of 6,2 keer. De verandering vond plaats op US$1,7 biljoen als gevolg van een 2,1-voudige stijging van de prijzen, en ook op US$552,4 miljard als gevolg van een 1,6-voudige toename van de productiviteit , evenals op US$420,8 miljard als gevolg van de toename van de bevolking. De gemiddelde jaarlijkse groei van de landbouw is 2,7%. De minimumwaarde van de landbouw bedroeg US$310,9 miljard in 1970. De maximumwaarde van de landbouw bedroeg US$3,5 biljoen in 2019.

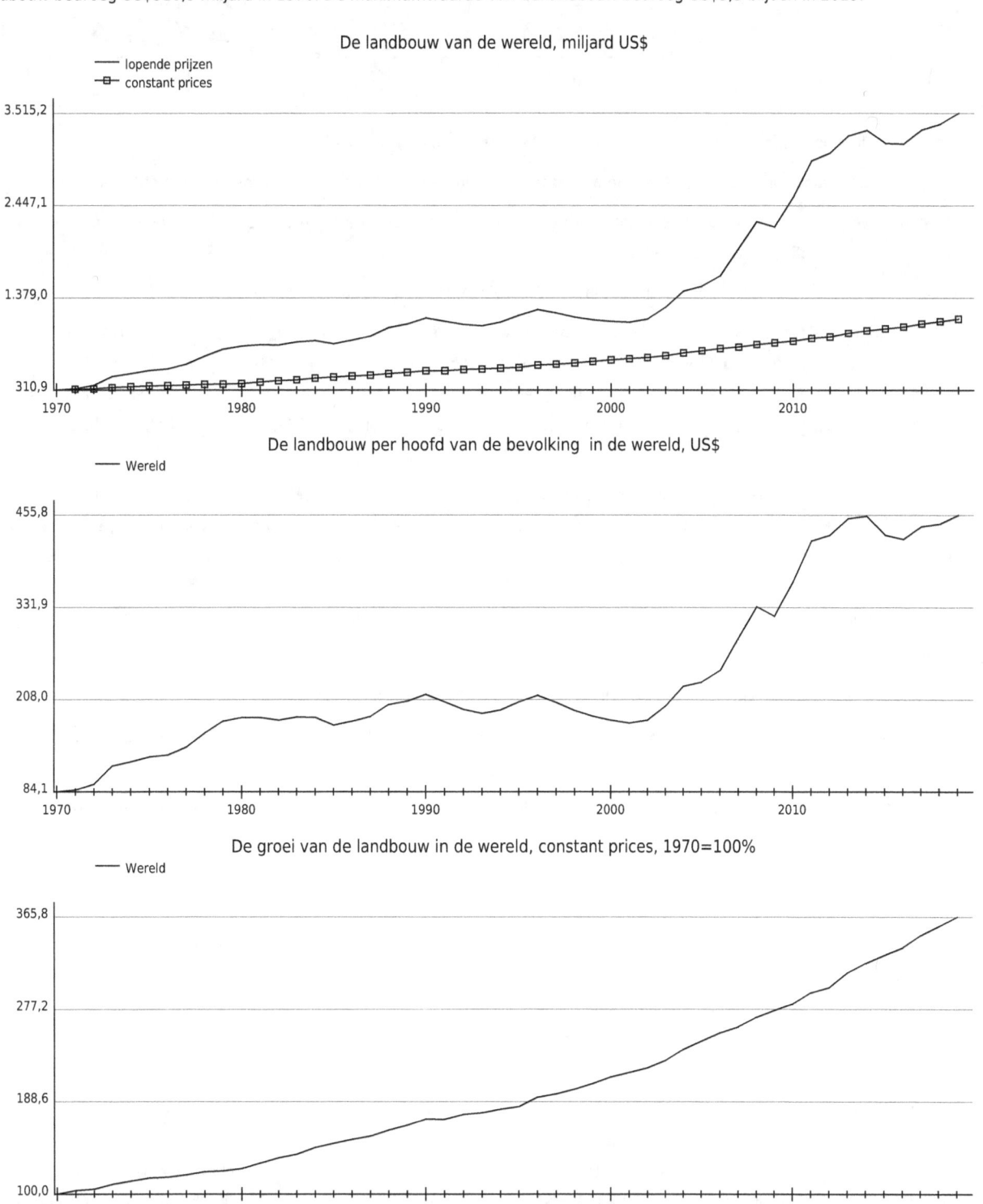

De landbouw van de wereld, miljard US$

— lopende prijzen
—▫— constant prices

De landbouw per hoofd van de bevolking in de wereld, US$

— Wereld

De groei van de landbouw in de wereld, constant prices, 1970=100%

— Wereld

Het aandeel van de landbouw in de economie van de wereld, %

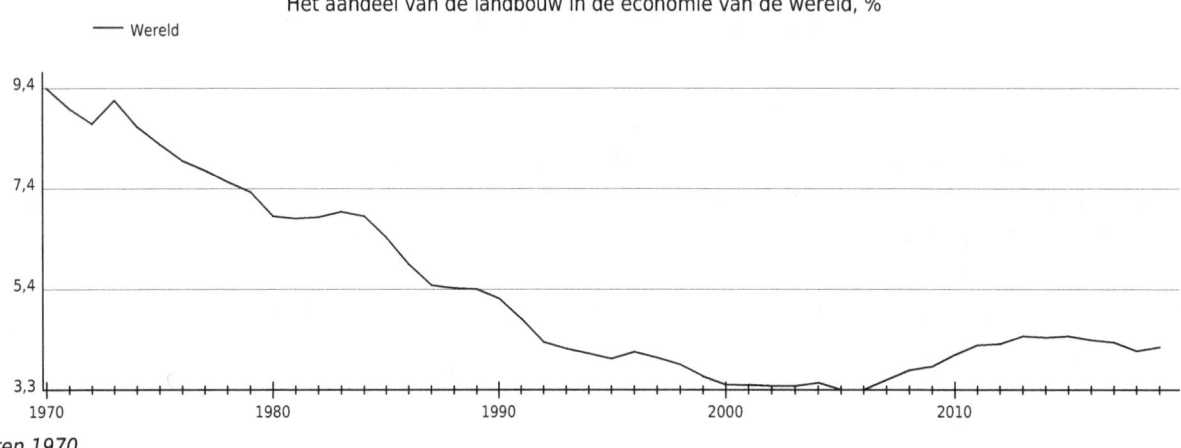

de jaren 1970

De waarde van de landbouw in de wereld bedroeg in de jaren 1970 US$515,4 miljard per jaar.

Het aandeel van de landbouw in de economie van de wereld was 8,2% in de jaren 1970, en was vergelijkbaar met Jordanië (8,1%).

De toegevoegde waarde van de landbouw per hoofd in de wereld was $127,6 in de jaren 1970s, en was vergelijkbaar met Samoa (US$127,4), Kiribati (US$128,7), Syrië (US$129,1).

De groei van de landbouw in de wereld bedroeg 2.2% in de jaren 1970, en was vergelijkbaar met Congo (2,2%), Noord-Afrika (2,2%).

Regio's. De sector van de landbouw in de wereld in de jaren 1970 bestond uit: Europa (37,8%), Azië (34,6%), Amerika (17,2%), Afrika (8,9%) en Oceanië (1,6%). Het aandeel van de landbouw in de economie van regio's: Afrika (18,1%), Azië (15,1%), Europa (7,7%), Oceanië (7,4%) en Amerika (4,0%). De landbouw per hoofd van de bevolking in regio's: Oceanië ($377,5), Europa ($268,3), Amerika ($158,1), Afrika ($112,2) en Azië ($76,7). De groei van de landbouw in regio's: Europa (3,3%), Oceanië (2,4%), Azië (2,0%), Amerika (1,9%) en Afrika (1,7%).

Leiders. De toegevoegde waarde van de landbouw in de wereld in de jaren 1970 bestond uit: Sovjet-Unie (17,2%), China (9,6%), Verenigde Staten (8,3%), India (7,0%), Japan (5,0%), en andere (53,0%). Het aandeel van de landbouw in economie van de leiders: India (39,7%), China (31,7%), Sovjet-Unie (13,7%), Japan (4,7%) en Verenigde Staten (2,5%). De landbouw per hoofd in de wereld onder de leiders: Sovjet-Unie ($351,8), Japan ($231,3), Verenigde Staten ($195,0), India ($58,3) en China ($54,2). De groei van de landbouw onder de leiders: Sovjet-Unie (7,0%), China (2,4%), Japan (0,52%), Verenigde Staten (0,34%) en India (0,30%).

de jaren 1980

De sector van de landbouw in de wereld bedroeg in de jaren 1980 US$902,0 miljard per jaar.

Het aandeel van de landbouw in de economie van de wereld was 6,2% in de jaren 1980, en was vergelijkbaar met Zuid-Europa (6,2%), Gabon (6,1%).

De toegevoegde waarde van de landbouw per hoofd in de wereld was $186,6 in de jaren 1980s, en was vergelijkbaar met Zuid-Amerika (US$189,1), Mozambique (US$190,1), Bermuda (US$182,4).

De groei van de landbouw in de wereld bedroeg 3.1% in de jaren 1980, en was vergelijkbaar met Ierland (3,1%), Kameroen (3,1%), Zuidelijk Afrika (3,1%).

Regio's. De landbouw van de wereld in de jaren 1980 bestond uit: Azië (38,6%), Europa (32,9%), Amerika (17,4%), Afrika (9,6%) en Oceanië (1,5%). Het aandeel van de landbouw in de economie van regio's: Afrika (16,8%), Azië (10,3%), Europa (5,8%), Oceanië (5,6%) en Amerika (2,9%). De landbouw per hoofd van de bevolking in regio's: Oceanië ($545,9), Europa ($386,3), Amerika ($237,6), Afrika ($159,2) en Azië ($122,8). De groei van de landbouw in regio's: Azië (3,8%), Afrika (2,8%), Amerika (2,6%), Europa (2,1%) en Oceanië (2,0%).

Leiders. De landbouw van de wereld in de jaren 1980 bestond uit: Sovjet-Unie (13,9%), China (10,5%), India (7,8%), Verenigde Staten (7,6%), Japan (5,5%), en andere (54,6%). Het aandeel van de landbouw in economie van de leiders: India (33,2%), China (28,8%), Sovjet-Unie (14,2%), Japan (2,8%) en Verenigde Staten (1,6%). De landbouw per hoofd in de wereld onder de leiders: Sovjet-Unie ($457,2), Japan ($410,0), Verenigde Staten ($286,8), India ($90,7) en China ($88,5). De groei van de landbouw onder de leiders: China

(5,3%), India (4,4%), Verenigde Staten (3,7%), Sovjet-Unie (2,8%) en Japan (0,41%).

de jaren 1990

De sector van de landbouw in de wereld bedroeg in de jaren 1990 US$1,1 biljoen per jaar.

Het aandeel van de landbouw in de economie van de wereld was 4,2% in de jaren 1990, en was vergelijkbaar met Botswana (4,2%).

De toegevoegde waarde van de landbouw per hoofd in de wereld was $199,8 in de jaren 1990s, en was vergelijkbaar met Cuba (US$200,3), Sao Tomé en Principe (US$199,2), Namibië (US$198,1).

De groei van de landbouw in de wereld bedroeg 2.2% in de jaren 1990.

Regio's. De waarde van de landbouw in de wereld in de jaren 1990 bestond uit: Azië (46,1%), Europa (24,4%), Amerika (19,6%), Afrika (8,4%) en Oceanië (1,5%). Het aandeel van de landbouw in de economie van regio's: Afrika (17,0%), Azië (6,9%), Oceanië (4,3%), Europa (3,1%) en Amerika (2,3%). De landbouw per hoofd van de bevolking in regio's: Oceanië ($608,8), Europa ($382,2), Amerika ($288,9), Azië ($151,6) en Afrika ($134,5). De groei van de landbouw in regio's: Oceanië (3,7%), Azië (3,2%), Afrika (2,8%), Amerika (2,4%) en Europa (-1,6%).

Leiders. De sector van de landbouw in de wereld in de jaren 1990 bestond uit: China (12,2%), Verenigde Staten (8,4%), India (8,0%), Japan (6,9%), Brazilië (3,2%), en andere (61,2%). Het aandeel van de landbouw in economie van de leiders: India (28,4%), China (19,4%), Brazilië (6,4%), Japan (1,8%) en Verenigde Staten (1,3%). De sector van de landbouw per hoofd in de wereld onder de leiders: Japan ($625,5), Verenigde Staten ($363,4), Brazilië ($228,7), China ($112,7) en India ($95,6). De groei van de landbouw onder de leiders: China (4,3%), Brazilië (3,0%), India (2,8%), Verenigde Staten (2,6%) en Japan (-1,8%).

de jaren 2000

De toegevoegde waarde van de landbouw in de wereld bedroeg in de jaren 2000 US$1,6 biljoen per jaar.

Het aandeel van de landbouw in de economie van de wereld was 3,5% in de jaren 2000, en was vergelijkbaar met Oceanië (3,5%).

De landbouw per hoofd in de wereld was $240,3 in de jaren 2000s, en was vergelijkbaar met Bosnië en Herzegovina (US$239,8), Iran (US$241,4), Georgië (US$238,1).

De groei van de landbouw in de wereld bedroeg 3% in de jaren 2000, en was vergelijkbaar met Guatemala (3,0%).

Regio's. De toegevoegde waarde van de landbouw in de wereld in de jaren 2000 bestond uit: Azië (51,2%), Amerika (18,4%), Europa (18,1%), Afrika (10,6%) en Oceanië (1,7%). Het aandeel van de landbouw in de economie van regio's: Afrika (15,6%), Azië (6,5%), Oceanië (3,5%), Europa (2,0%) en Amerika (1,8%). De landbouw per hoofd van de bevolking in regio's: Oceanië ($806,4), Europa ($387,0), Amerika ($327,5), Azië ($202,4) en Afrika ($182,0). De groei van de landbouw in regio's: Afrika (5,1%), Azië (3,1%), Amerika (2,7%), Oceanië (1,5%) en Europa (1,2%).

Leiders. De toegevoegde waarde van de landbouw in de wereld in de jaren 2000 bestond uit: China (19,1%), India (9,4%), Verenigde Staten (7,8%), Japan (3,7%), Nigeria (3,0%), en andere (57,0%). Het aandeel van de landbouw in economie van de leiders: Nigeria (26,8%), India (19,4%), China (11,5%), Japan (1,2%) en Verenigde Staten (0,97%). De sector van de landbouw per hoofd in de wereld onder de leiders: Japan ($445,6), Verenigde Staten ($416,9), Nigeria ($346,4), China ($224,5) en India ($129,7). De groei van de landbouw onder de leiders: Nigeria (10,1%), China (4,0%), Verenigde Staten (3,6%), India (2,0%) en Japan (-1,3%).

de jaren 2010

De landbouw van de wereld bedroeg in de jaren 2010 US$3,2 biljoen per jaar.

Het aandeel van de landbouw in de economie van de wereld was 4,3% in de jaren 2010.

De toegevoegde waarde van de landbouw per hoofd in de wereld was $432,1 in de jaren 2010s, en was vergelijkbaar met Kroatië (US$431,6), de Comoren (US$430,6), Servië (US$428,1).

De groei van de landbouw in de wereld bedroeg 2.9% in de jaren 2010, en was vergelijkbaar met Guyana (2,8%), de Seychellen (2,8%), Guatemala (2,9%).

Regio's. De waarde van de landbouw in de wereld in de jaren 2010 bestond uit: Azië (60,7%), Amerika (15,3%), Europa (11,5%), Afrika (10,8%) en Oceanië (1,5%). Het aandeel van de landbouw in de economie van regio's: Afrika (15,6%), Azië (7,2%), Oceanië (3,2%), Amerika (2,0%) en Europa (1,9%). De landbouw per hoofd van de bevolking in regio's: Oceanië ($1.242,3), Amerika ($498,8), Europa

($491,7), Azië ($436,7) en Afrika ($294,3). De groei van de landbouw in regio's: Afrika (3,7%), Azië (3,3%), Amerika (2,2%), Europa (0,73%) en Oceanië (-0,30%).

Leiders. De sector van de landbouw in de wereld in de jaren 2010 bestond uit: China (28,0%), India (11,5%), Verenigde Staten (5,7%), Indonesië (3,9%), Nigeria (3,0%), en andere (48,0%). Het aandeel van de landbouw in economie van de leiders: Nigeria (21,5%), India (18,0%), Indonesië (13,7%), China (8,4%) en Verenigde Staten (1,0%). De toegevoegde waarde van de landbouw per hoofd in de wereld onder de leiders: China ($631,9), Verenigde Staten ($564,3), Nigeria ($534,6), Indonesië ($483,6) en India ($279,1). De groei van de landbouw onder de leiders: India (4,1%), Indonesië (3,9%), China (3,8%), Nigeria (3,6%) en Verenigde Staten (2,0%).

Hoofdstuk V. Industrie

Mijnbouw, productie, nutsbedrijven (ISIC C-E)

De toegevoegde waarde van de industrie in de wereld steeg van US$1,9 biljoen per jaar in de jaren 1970 tot US$17,0 biljoen per jaar in de jaren 2010, dat wil zeggen met US$15,1 biljoen of 8,8 keer. De verandering vond plaats op US$11,1 biljoen als gevolg van een 2,9-voudige stijging van de prijzen, en ook op US$2,4 biljoen als gevolg van een 1,7-voudige toename van de productiviteit , evenals op US$1,6 biljoen als gevolg van de toename van de bevolking. De gemiddelde jaarlijkse groei van de industrie is 3,0%. De minimumwaarde van de industrie bedroeg US$1,0 biljoen in 1970. De maximumwaarde van de industrie bedroeg US$18,5 biljoen in 2018.

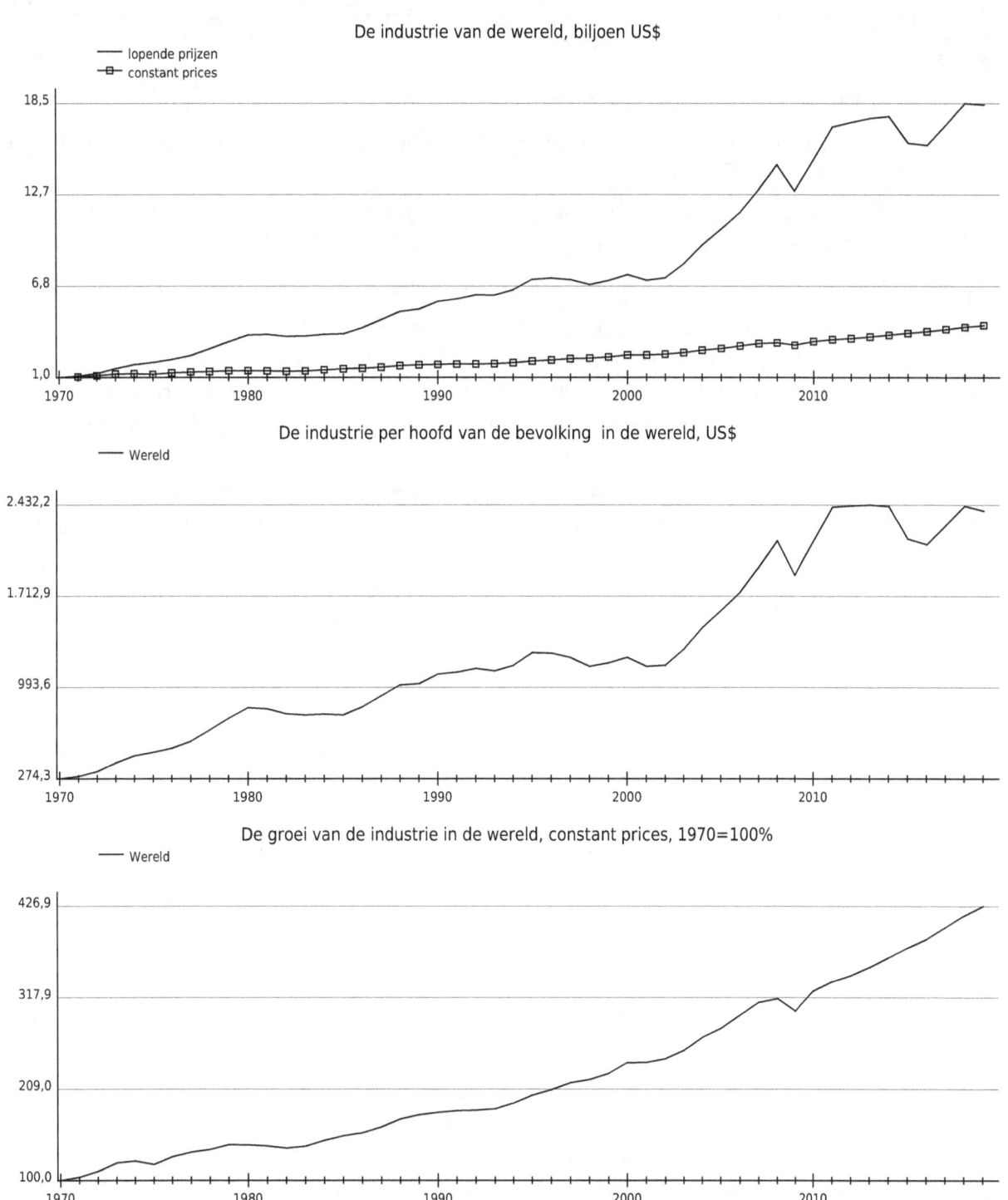

De industrie van de wereld, biljoen US$

De industrie per hoofd van de bevolking in de wereld, US$

De groei van de industrie in de wereld, constant prices, 1970=100%

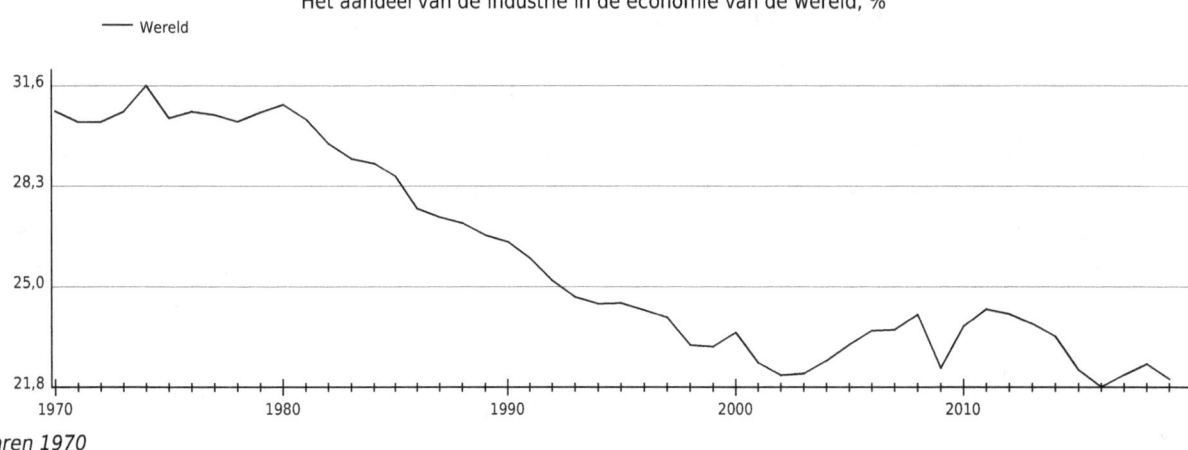

Het aandeel van de industrie in de economie van de wereld, %

de jaren 1970

De industrie van de wereld bedroeg in de jaren 1970 US$1,9 biljoen per jaar.

Het aandeel van de industrie in de economie van de wereld was 30,7% in de jaren 1970, en was vergelijkbaar met Mozambique (30,7%), Nieuw-Caledonië (30,8%), Chili (30,9%).

De toegevoegde waarde van de industrie per hoofd in de wereld was $480,5 in de jaren 1970s, en was vergelijkbaar met Groenland (US$480,5), Andorra (US$477,6), Zuid-Afrika (US$469,8).

De groei van de industrie in de wereld bedroeg 4% in de jaren 1970, en was vergelijkbaar met Albanië (4,0%), Frans-Polynesië (4,0%).

Regio's. De toegevoegde waarde van de industrie in de wereld in de jaren 1970 bestond uit: Europa (42,3%), Amerika (31,5%), Azië (20,8%), Afrika (3,8%) en Oceanië (1,6%). Het aandeel van de industrie in de economie van regio's: Azië (34,2%), Europa (32,3%), Afrika (29,3%), Oceanië (27,9%) en Amerika (27,4%). De industrie per hoofd van de bevolking in regio's: Oceanië ($1.413,2), Europa ($1.131,6), Amerika ($1.091,1), Afrika ($181,2) en Azië ($173,9). De groei van de industrie in regio's: Azië (5,7%), Afrika (5,5%), Europa (3,6%), Amerika (3,2%) en Oceanië (3,0%).

Leiders. De toegevoegde waarde van de industrie in de wereld in de jaren 1970 bestond uit: Verenigde Staten (23,2%), Sovjet-Unie (12,8%), Japan (9,6%), Duitsland (8,2%), Verenigd Koninkrijk (3,7%), en andere (42,5%). Het aandeel van de industrie in economie van de leiders: Sovjet-Unie (38,3%), Duitsland (35,6%), Japan (34,0%), Verenigd Koninkrijk (29,5%) en Verenigde Staten (26,6%). De toegevoegde waarde van de industrie per hoofd in de wereld onder de leiders: Verenigde Staten ($2.063,8), Duitsland ($2.011,9), Japan ($1.666,5), Verenigd Koninkrijk ($1.295,1) en Sovjet-Unie ($986,6). De groei van de industrie onder de leiders: Sovjet-Unie (5,2%), Japan (4,5%), Verenigde Staten (2,4%), Duitsland (2,1%) en Verenigd Koninkrijk (1,9%).

de jaren 1980

De toegevoegde waarde van de industrie in de wereld bedroeg in de jaren 1980 US$4,2 biljoen per jaar.

Het aandeel van de industrie in de economie van de wereld was 28,4% in de jaren 1980, en was vergelijkbaar met Guyana (28,4%), Mongolië (28,3%), Centraal-Afrika (28,6%).

De waarde van de industrie per hoofd in de wereld was $861,8 in de jaren 1980s, en was vergelijkbaar met Zuid-Korea (US$863,0), Algerije (US$854,7), Zuidelijk Afrika (US$849,4).

De groei van de industrie in de wereld bedroeg 2.3% in de jaren 1980.

Regio's. De toegevoegde waarde van de industrie in de wereld in de jaren 1980 bestond uit: Europa (35,6%), Amerika (33,2%), Azië (25,9%), Afrika (3,8%) en Oceanië (1,5%). Het aandeel van de industrie in de economie van regio's: Azië (31,9%), Afrika (30,4%), Europa (29,1%), Oceanië (26,3%) en Amerika (25,6%). De industrie per hoofd van de bevolking in regio's: Oceanië ($2.572,3), Amerika ($2.085,6), Europa ($1.933,8), Azië ($380,7) en Afrika ($288,5). De groei van de industrie in regio's: Azië (3,5%), Oceanië (2,9%), Europa (2,3%), Amerika (1,9%) en Afrika (-0,99%).

Leiders. De sector van de industrie in de wereld in de jaren 1980 bestond uit: Verenigde Staten (24,0%), Japan (13,6%), Sovjet-Unie (7,3%), Duitsland (7,1%), Verenigd Koninkrijk (4,1%), en andere (43,8%). Het aandeel van de industrie in economie van de leiders: Sovjet-Unie (34,5%), Duitsland (32,8%), Japan (31,5%), Verenigd Koninkrijk (27,6%) en Verenigde Staten (23,9%). De toegevoegde waarde van de industrie per hoofd in de wereld onder de leiders: Japan ($4.670,2), Verenigde Staten ($4.176,6), Duitsland ($3.812,7), Verenigd Koninkrijk ($3.032,7) en Sovjet-Unie ($1.110,8). De groei van de industrie onder de leiders: Sovjet-Unie (5,3%), Japan (4,2%), Verenigde Staten (1,9%), Verenigd Koninkrijk (1,4%) en Duitsland (1,2%).

de jaren 1990

De industrie van de wereld bedroeg in de jaren 1990 US$6,7 biljoen per jaar.

Het aandeel van de industrie in de economie van de wereld was 24,5% in de jaren 1990, en was vergelijkbaar met Zweden (24,5%), India (24,5%), Oostenrijk (24,4%).

De industrie per hoofd in de wereld was $1.175,6 in de jaren 1990s, en was vergelijkbaar met Oost-Azië (US$1.159,5), Chili (US$1.199,2), Botswana (US$1.199,5).

De groei van de industrie in de wereld bedroeg 2.5% in de jaren 1990, en was vergelijkbaar met Canada (2,5%).

Regio's. De sector van de industrie in de wereld in de jaren 1990 bestond uit: Azië (33,1%), Europa (32,1%), Amerika (31,1%), Afrika (2,4%) en Oceanië (1,3%). Het aandeel van de industrie in de economie van regio's: Azië (29,1%), Afrika (28,1%), Europa (24,1%), Oceanië (21,6%) en Amerika (21,2%). De industrie per hoofd van de bevolking in regio's: Oceanië ($3.075,6), Europa ($2.961,4), Amerika ($2.704,1), Azië ($639,7) en Afrika ($222,8). De groei van de industrie in regio's: Azië (5,5%), Amerika (2,8%), Oceanië (2,3%), Afrika (1,3%) en Europa (0,0047%).

Leiders. De waarde van de industrie in de wereld in de jaren 1990 bestond uit: Verenigde Staten (22,5%), Japan (17,7%), Duitsland (8,0%), China (4,3%), Verenigd Koninkrijk (4,0%), en andere (43,6%). Het aandeel van de industrie in economie van de leiders: China (39,9%), Japan (27,5%), Duitsland (27,0%), Verenigd Koninkrijk (21,7%) en Verenigde Staten (19,9%). De industrie per hoofd in de wereld onder de leiders: Japan ($9.400,9), Duitsland ($6.621,6), Verenigde Staten ($5.704,4), Verenigd Koninkrijk ($4.639,8) en China ($231,9). De groei van de industrie onder de leiders: China (13,1%), Verenigde Staten (2,8%), Japan (1,3%), Verenigd Koninkrijk (1,2%) en Duitsland (0,33%).

de jaren 2000

De industrie van de wereld bedroeg in de jaren 2000 US$10,2 biljoen per jaar.

Het aandeel van de industrie in de economie van de wereld was 23,1% in de jaren 2000, en was vergelijkbaar met Tadzjikistan (23,1%), Laos (23,0%), Zweden (23,0%).

De industrie per hoofd in de wereld was $1.573,8 in de jaren 2000s, en was vergelijkbaar met Sint Maarten (US$1.595,0), Litouwen (US$1.605,0), de Bahama's (US$1.611,3).

De groei van de industrie in de wereld bedroeg 2.9% in de jaren 2000, en was vergelijkbaar met Senegal (2,9%).

Regio's. De industrie van de wereld in de jaren 2000 bestond uit: Azië (36,8%), Amerika (30,0%), Europa (28,6%), Afrika (3,1%) en Oceanië (1,5%). Het aandeel van de industrie in de economie van regio's: Azië (30,6%), Afrika (30,2%), Europa (21,1%), Oceanië (19,8%) en Amerika (18,8%). De industrie per hoofd van de bevolking in regio's: Oceanië ($4.570,1), Europa ($4.000,9), Amerika ($3.499,5), Azië ($951,8) en Afrika ($352,5). De groei van de industrie in regio's: Azië (5,7%), Afrika (3,1%), Oceanië (1,8%), Amerika (1,4%) en Europa (0,63%).

Leiders. De industrie van de wereld in de jaren 2000 bestond uit: Verenigde Staten (20,5%), Japan (11,1%), China (10,3%), Duitsland (6,1%), Verenigd Koninkrijk (3,4%), en andere (48,6%). Het aandeel van de industrie in economie van de leiders: China (40,7%), Duitsland (25,2%), Japan (24,3%), Verenigde Staten (16,7%) en Verenigd Koninkrijk (16,5%). De toegevoegde waarde van de industrie per hoofd in de wereld onder de leiders: Japan ($8.848,8), Duitsland ($7.732,1), Verenigde Staten ($7.144,5), Verenigd Koninkrijk ($5.710,8) en China ($795,3). De groei van de industrie onder de leiders: China (11,1%), Verenigde Staten (1,5%), Duitsland (0,19%), Japan (0,15%) en Verenigd Koninkrijk (-1,1%).

de jaren 2010

De toegevoegde waarde van de industrie in de wereld bedroeg in de jaren 2010 US$17,0 biljoen per jaar.

Het aandeel van de industrie in de economie van de wereld was 23,0% in de jaren 2010, en was vergelijkbaar met Japan (22,9%), Marokko (22,9%), Zuid-Azië (23,2%).

De toegevoegde waarde van de industrie per hoofd in de wereld was $2.320,9 in de jaren 2010s, en was vergelijkbaar met Kroatië

(US$2,3 duizend), Uruguay (US$2,4 duizend), Mexico (US$2,4 duizend).

De groei van de industrie in de wereld bedroeg 3.5% in de jaren 2010.

Regio's. De toegevoegde waarde van de industrie in de wereld in de jaren 2010 bestond uit: Azië (47,8%), Amerika (24,9%), Europa (22,2%), Afrika (3,4%) en Oceanië (1,6%). Het aandeel van de industrie in de economie van regio's: Azië (30,5%), Afrika (25,9%), Europa (20,1%), Oceanië (18,1%) en Amerika (17,1%). De industrie per hoofd van de bevolking in regio's: Oceanië ($7.127,9), Europa ($5.088,1), Amerika ($4.354,8), Azië ($1.847,0) en Afrika ($489,1). De groei van de industrie in regio's: Azië (5,6%), Oceanië (2,6%), Europa (2,0%), Amerika (1,8%) en Afrika (0,035%).

Leiders. De waarde van de industrie in de wereld in de jaren 2010 bestond uit: China (21,6%), Verenigde Staten (16,1%), Japan (7,0%), Duitsland (4,9%), India (2,6%), en andere (47,7%). Het aandeel van de industrie in economie van de leiders: China (35,1%), Duitsland (25,4%), Japan (22,9%), India (21,9%) en Verenigde Staten (15,3%). De toegevoegde waarde van de industrie per hoofd in de wereld onder de leiders: Duitsland ($10.261,3), Japan ($9.305,3), Verenigde Staten ($8.581,2), China ($2.626,2) en India ($340,6). De groei van de industrie onder de leiders: China (7,5%), India (6,5%), Duitsland (3,2%), Japan (2,6%) en Verenigde Staten (2,2%).

Hoofdstuk 5.1. Fabricage

(ISIC D)

De toegevoegde waarde van de fabricage in de wereld steeg van US$1,5 biljoen per jaar in de jaren 1970 tot US$12,5 biljoen per jaar in de jaren 2010, dat wil zeggen met US$10,9 biljoen of 8,0 keer. De verandering vond plaats op US$7,0 biljoen als gevolg van een 2,3-voudige stijging van de prijzen, en ook op US$2,7 biljoen als gevolg van een 1,9-voudige toename van de productiviteit , evenals op US$1,3 biljoen als gevolg van de toename van de bevolking. De gemiddelde jaarlijkse groei van de fabricage is 3,3%. De minimumwaarde van de fabricage bedroeg US$852,5 miljard in 1970. De maximumwaarde van de fabricage bedroeg US$14,0 biljoen in 2019.

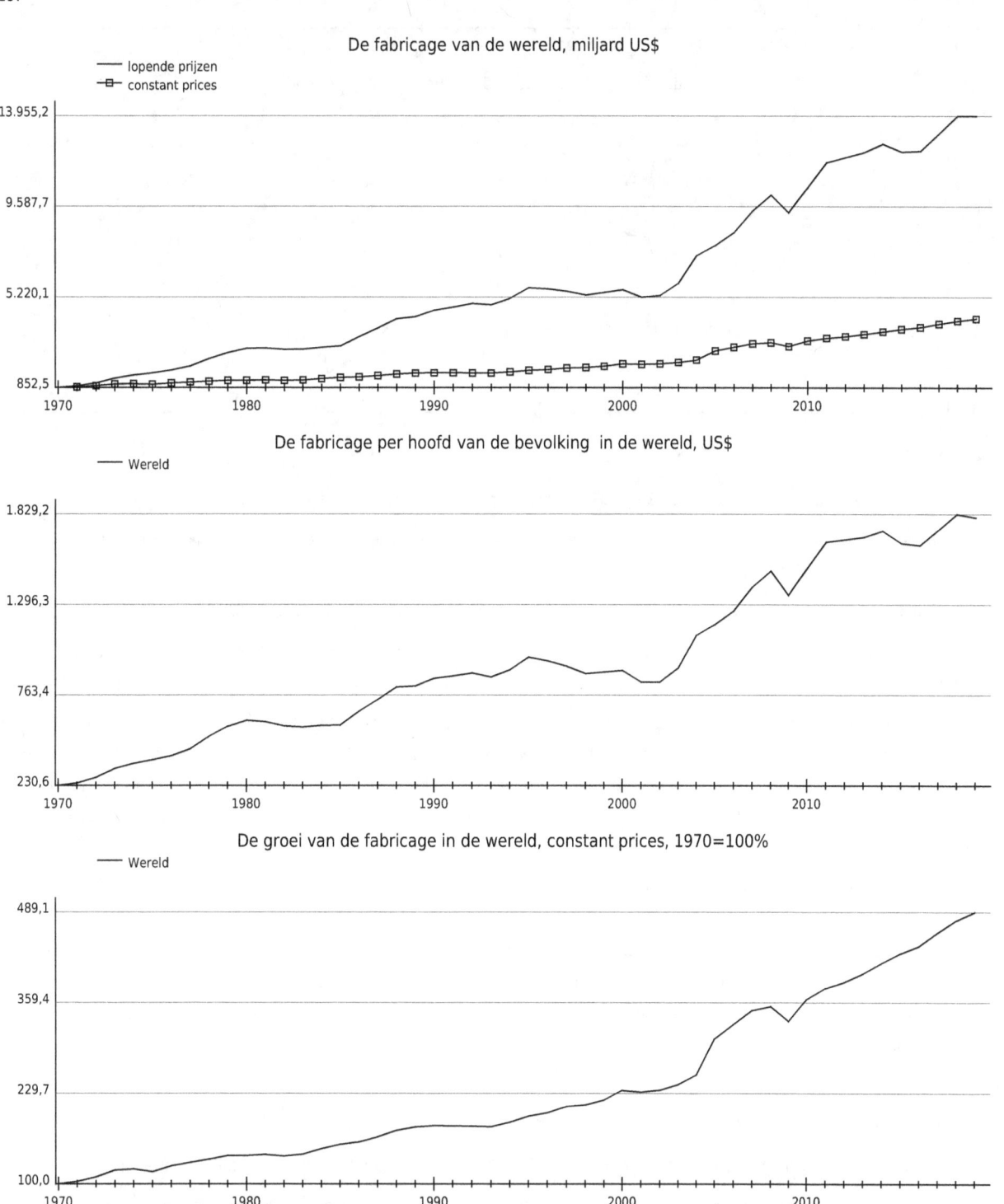

De fabricage van de wereld, miljard US$

De fabricage per hoofd van de bevolking in de wereld, US$

De groei van de fabricage in de wereld, constant prices, 1970=100%

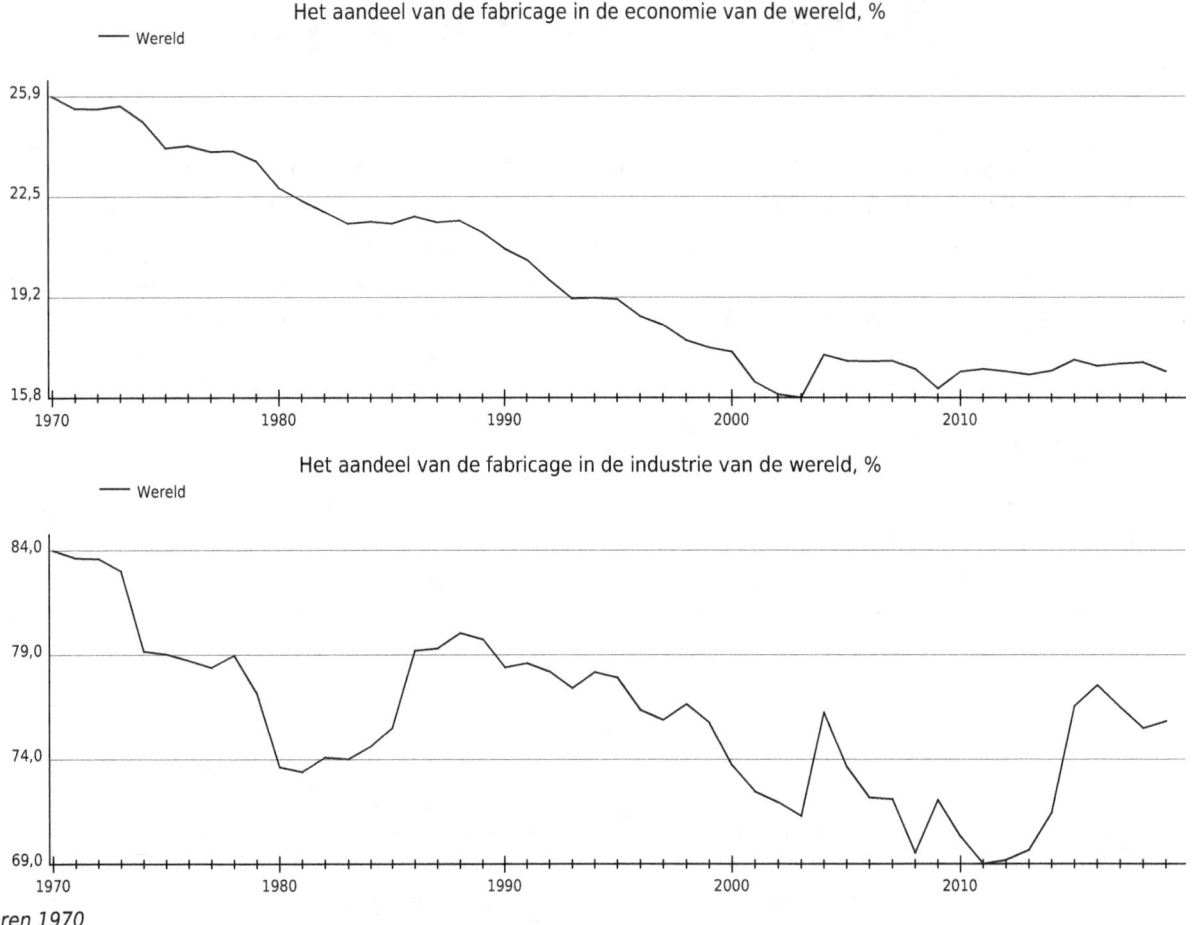

Het aandeel van de fabricage in de economie van de wereld, %

Het aandeel van de fabricage in de industrie van de wereld, %

de jaren 1970

De fabricage van de wereld bedroeg in de jaren 1970 US$1,5 biljoen per jaar.

Het aandeel van de fabricage in de economie van de wereld was 24,5% in de jaren 1970, en was vergelijkbaar met Zweden (24,6%), Spanje (24,6%), Oost-Azië (24,3%).

De fabricage per hoofd in de wereld was $383,2 in de jaren 1970s, en was vergelijkbaar met Malta (US$383,2).

De groei van de fabricage in de wereld bedroeg 3.8% in de jaren 1970, en was vergelijkbaar met Jordanië (3,8%), Anguilla (3,8%), San Marino (3,8%).

Regio's. De sector van de fabricage in de wereld in de jaren 1970 bestond uit: Europa (47,8%), Amerika (32,4%), Azië (15,7%), Afrika (2,6%) en Oceanië (1,4%). Het aandeel van de fabricage in de economie van regio's: Europa (29,1%), Amerika (22,5%), Azië (20,6%), Oceanië (20,1%) en Afrika (16,0%). De fabricage per hoofd van de bevolking in regio's: Oceanië ($1.020,6), Europa ($1.019,3), Amerika ($896,7), Azië ($104,9) en Afrika ($99,3). De groei van de fabricage in regio's: Azië (5,6%), Afrika (4,9%), Amerika (3,6%), Europa (3,5%) en Oceanië (2,1%).

Leiders. De toegevoegde waarde van de fabricage in de wereld in de jaren 1970 bestond uit: Verenigde Staten (24,4%), Sovjet-Unie (16,1%), Japan (10,9%), Duitsland (8,9%), Frankrijk (4,2%), en andere (35,5%). Het aandeel van de fabricage in economie van de leiders: Sovjet-Unie (38,3%), Japan (31,0%), Duitsland (31,0%), Verenigde Staten (22,3%) en Frankrijk (21,7%). De fabricage per hoofd in de wereld onder de leiders: Duitsland ($1.752,1), Verenigde Staten ($1.731,8), Japan ($1.520,6), Frankrijk ($1.203,0) en Sovjet-Unie ($986,6). De groei van de fabricage onder de leiders: Sovjet-Unie (5,2%), Japan (4,5%), Frankrijk (3,5%), Verenigde Staten (2,7%) en Duitsland (2,1%).

de jaren 1980

De sector van de fabricage in de wereld bedroeg in de jaren 1980 US$3,2 biljoen per jaar.

Het aandeel van de fabricage in de economie van de wereld was 21,8% in de jaren 1980, en was vergelijkbaar met Spanje (22,0%).

De toegevoegde waarde van de fabricage per hoofd in de wereld was $661,2 in de jaren 1980s, en was vergelijkbaar met Portugal

(US$661,5).

De groei van de fabricage in de wereld bedroeg 2.6% in de jaren 1980, en was vergelijkbaar met Ecuador (2,6%).

Regio's. De waarde van de fabricage in de wereld in de jaren 1980 bestond uit: Europa (40,2%), Amerika (33,1%), Azië (22,8%), Afrika (2,7%) en Oceanië (1,3%). Het aandeel van de fabricage in de economie van regio's: Europa (25,2%), Azië (21,5%), Amerika (19,6%), Oceanië (16,9%) en Afrika (16,6%). De fabricage per hoofd van de bevolking in regio's: Europa ($1.672,2), Oceanië ($1.656,8), Amerika ($1.597,5), Azië ($256,6) en Afrika ($157,6). De groei van de fabricage in regio's: Azië (5,4%), Europa (2,1%), Afrika (2,0%), Amerika (1,8%) en Oceanië (1,5%).

Leiders. De sector van de fabricage in de wereld in de jaren 1980 bestond uit: Verenigde Staten (24,7%), Japan (15,7%), Sovjet-Unie (9,6%), Duitsland (8,1%), Italië (4,2%), en andere (37,8%). Het aandeel van de fabricage in economie van de leiders: Sovjet-Unie (34,5%), Duitsland (28,5%), Japan (27,8%), Italië (24,2%) en Verenigde Staten (18,9%). De sector van de fabricage per hoofd in de wereld onder de leiders: Japan ($4.131,0), Duitsland ($3.316,0), Verenigde Staten ($3.296,4), Italië ($2.359,9) en Sovjet-Unie ($1.110,8). De groei van de fabricage onder de leiders: Sovjet-Unie (5,3%), Japan (4,4%), Italië (2,5%), Verenigde Staten (1,9%) en Duitsland (1,2%).

de jaren 1990

De fabricage van de wereld bedroeg in de jaren 1990 US$5,2 biljoen per jaar.

Het aandeel van de fabricage in de economie van de wereld was 18,9% in de jaren 1990, en was vergelijkbaar met Zambia (19,0%), Egypte (18,8%), Israël (19,0%).

De fabricage per hoofd in de wereld was $908,4 in de jaren 1990s, en was vergelijkbaar met Uruguay (US$925,6).

De groei van de fabricage in de wereld bedroeg 2% in de jaren 1990, en was vergelijkbaar met Noord-Europa (2,0%), Monaco (2,0%).

Regio's. De toegevoegde waarde van de fabricage in de wereld in de jaren 1990 bestond uit: Europa (34,3%), Amerika (32,4%), Azië (30,5%), Afrika (1,7%) en Oceanië (1,1%). Het aandeel van de fabricage in de economie van regio's: Azië (20,8%), Europa (19,9%), Amerika (17,0%), Afrika (15,7%) en Oceanië (13,9%). De fabricage per hoofd van de bevolking in regio's: Europa ($2.443,3), Amerika ($2.172,9), Oceanië ($1.986,6), Azië ($456,2) en Afrika ($124,8). De groei van de fabricage in regio's: Azië (3,5%), Amerika (3,0%), Oceanië (1,3%), Afrika (0,55%) en Europa (0,24%).

Leiders. De sector van de fabricage in de wereld in de jaren 1990 bestond uit: Verenigde Staten (24,0%), Japan (20,2%), Duitsland (9,1%), Italië (4,4%), Frankrijk (4,2%), en andere (38,1%). Het aandeel van de fabricage in economie van de leiders: Japan (24,3%), Duitsland (23,7%), Italië (20,7%), Frankrijk (16,8%) en Verenigde Staten (16,5%). De fabricage per hoofd in de wereld onder de leiders: Japan ($8.305,2), Duitsland ($5.813,5), Verenigde Staten ($4.707,3), Italië ($3.994,1) en Frankrijk ($3.621,1). De groei van de fabricage onder de leiders: Verenigde Staten (3,2%), Frankrijk (2,4%), Italië (1,2%), Japan (1,1%) en Duitsland (0,26%).

de jaren 2000

De fabricage van de wereld bedroeg in de jaren 2000 US$7,4 biljoen per jaar.

Het aandeel van de fabricage in de economie van de wereld was 16,7% in de jaren 2000, en was vergelijkbaar met Europa (16,7%), Zuid-Amerika (16,8%), Zuid-Azië (16,6%).

De toegevoegde waarde van de fabricage per hoofd in de wereld was $1.138,1 in de jaren 2000s, en was vergelijkbaar met Turkije (US$1.142,6).

De groei van de fabricage in de wereld bedroeg 4.2% in de jaren 2000, en was vergelijkbaar met Maleisië (4,2%), Libanon (4,2%).

Regio's. De fabricage van de wereld in de jaren 2000 bestond uit: Azië (35,2%), Europa (31,2%), Amerika (30,7%), Afrika (1,8%) en Oceanië (1,1%). Het aandeel van de fabricage in de economie van regio's: Azië (21,2%), Europa (16,7%), Amerika (13,9%), Afrika (12,4%) en Oceanië (10,7%). De fabricage per hoofd van de bevolking in regio's: Europa ($3.162,1), Amerika ($2.583,7), Oceanië ($2.480,4), Azië ($659,1) en Afrika ($144,8). De groei van de fabricage in regio's: Azië (10,5%), Afrika (3,5%), Amerika (1,4%), Oceanië (0,79%) en Europa (0,69%).

Leiders. De fabricage van de wereld in de jaren 2000 bestond uit: Verenigde Staten (22,2%), China (14,6%), Japan (13,4%), Duitsland (7,4%), Italië (3,7%), en andere (38,5%). Het aandeel van de fabricage in economie van de leiders: China (41,7%), Duitsland (22,1%), Japan (21,3%), Italië (17,5%) en Verenigde Staten (13,1%). De toegevoegde waarde van de fabricage per hoofd in de wereld onder de leiders: Japan ($7.746,3), Duitsland ($6.773,6), Verenigde Staten ($5.600,5), Italië ($4.780,8) en China ($815,3). De groei van de fabricage onder de leiders: Verenigde Staten (1,6%), Japan (0,32%), Duitsland (0,097%) en Italië (-1,3%).

de jaren 2010

De sector van de fabricage in de wereld bedroeg in de jaren 2010 US$12,5 biljoen per jaar.

Het aandeel van de fabricage in de economie van de wereld was 16,8% in de jaren 2010, en was vergelijkbaar met Cambodja (16,8%), India (16,8%), Centraal-Amerika (16,8%).

De fabricage per hoofd in de wereld was $1.697,4 in de jaren 2010s, en was vergelijkbaar met Griekenland (US$1.699,3), Thailand (US$1.723,9).

De groei van de fabricage in de wereld bedroeg 3.9% in de jaren 2010, en was vergelijkbaar met Saint Lucia (3,9%).

Regio's. De sector van de fabricage in de wereld in de jaren 2010 bestond uit: Azië (49,6%), Amerika (24,3%), Europa (23,3%), Afrika (1,9%) en Oceanië (0,90%). Het aandeel van de fabricage in de economie van regio's: Azië (23,1%), Europa (15,4%), Amerika (12,2%), Afrika (10,9%) en Oceanië (7,2%). De fabricage per hoofd van de bevolking in regio's: Europa ($3.895,6), Amerika ($3.100,6), Oceanië ($2.847,4), Azië ($1.401,2) en Afrika ($206,2). De groei van de fabricage in regio's: Azië (6,0%), Afrika (3,6%), Europa (2,5%), Amerika (1,6%) en Oceanië (-0,27%).

Leiders. De sector van de fabricage in de wereld in de jaren 2010 bestond uit: China (25,0%), Verenigde Staten (16,6%), Japan (8,5%), Duitsland (5,9%), Zuid-Korea (3,1%), en andere (40,8%). Het aandeel van de fabricage in economie van de leiders: China (29,7%), Zuid-Korea (29,4%), Duitsland (22,3%), Japan (20,4%) en Verenigde Staten (11,5%). De waarde van de fabricage per hoofd in de wereld onder de leiders: Duitsland ($8.981,7), Japan ($8.286,2), Zuid-Korea ($7.723,3), Verenigde Staten ($6.481,0) en China ($2.221,3). De groei van de fabricage onder de leiders: China (7,5%), Zuid-Korea (3,8%), Duitsland (3,5%), Japan (3,0%) en Verenigde Staten (1,9%).

Hoofdstuk VI. Constructie

(ISIC F)

De bouw van de wereld steeg van US$428,5 miljard per jaar in de jaren 1970 tot US$4,2 biljoen per jaar in de jaren 2010, dat wil zeggen met US$3,8 biljoen of 9,8 keer. De verandering vond plaats op US$3,4 biljoen als gevolg van een 5,1-voudige stijging van de prijzen, en ook op US$39,7 miljard als gevolg van een 1,1-voudige toename van de productiviteit , evenals op US$349,9 miljard als gevolg van de toename van de bevolking. De gemiddelde jaarlijkse groei van de constructie is 1,8%. De minimumwaarde van de constructie bedroeg US$214,9 miljard in 1970. De maximumwaarde van de constructie bedroeg US$4,9 biljoen in 2019.

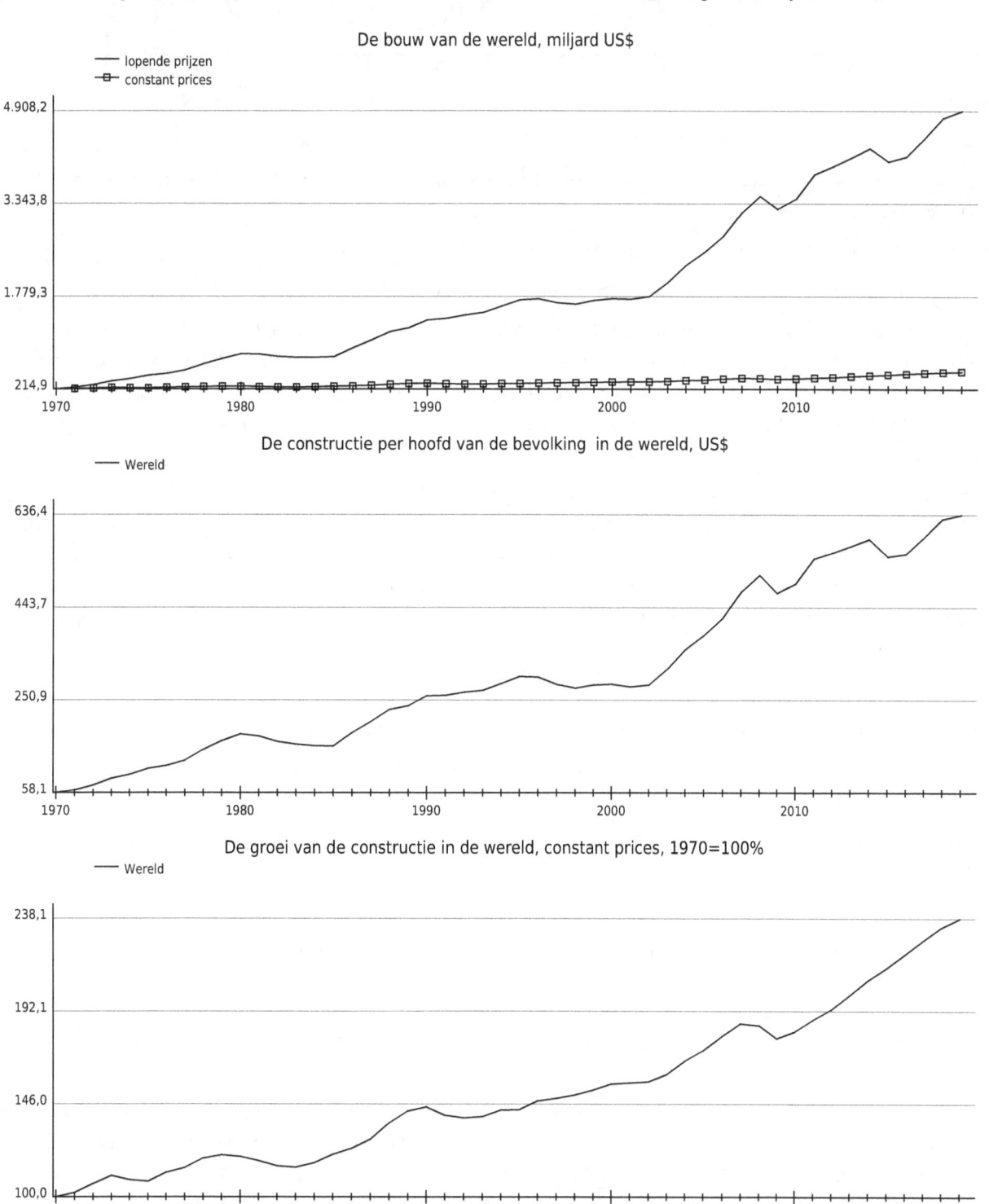

De bouw van de wereld, miljard US$

— lopende prijzen
—□— constant prices

De constructie per hoofd van de bevolking in de wereld, US$

— Wereld

De groei van de constructie in de wereld, constant prices, 1970=100%

— Wereld

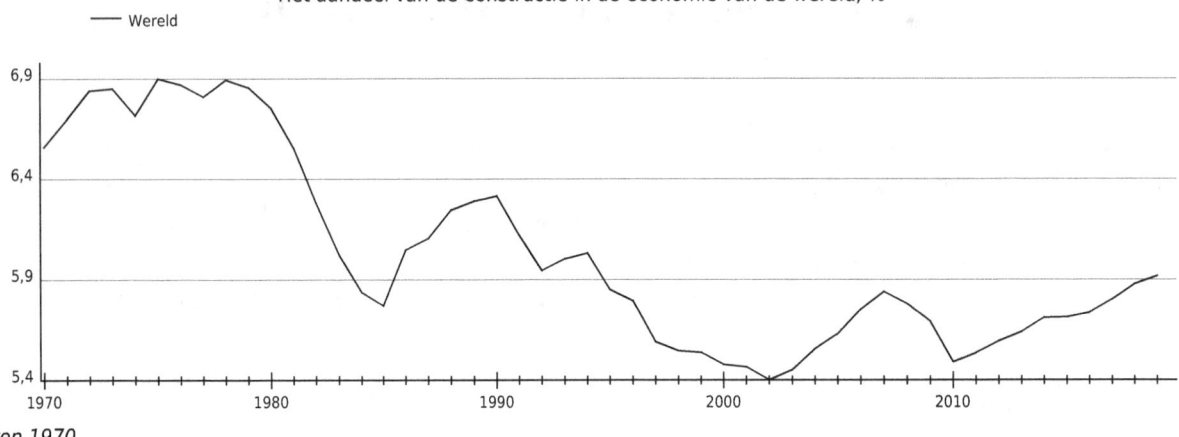

Het aandeel van de constructie in de economie van de wereld, %

— Wereld

de jaren 1970

De waarde van de constructie in de wereld bedroeg in de jaren 1970 US$428,5 miljard per jaar.

Het aandeel van de constructie in de economie van de wereld was 6,8% in de jaren 1970, en was vergelijkbaar met Cuba (6,8%), Azië (6,8%), Nieuw-Zeeland (6,8%).

De toegevoegde waarde van de constructie per hoofd in de wereld was $106,1 in de jaren 1970s.

De groei van de constructie in de wereld bedroeg 2.1% in de jaren 1970, en was vergelijkbaar met Luxemburg (2,1%).

Regio's. De waarde van de constructie in de wereld in de jaren 1970 bestond uit: Europa (47,0%), Amerika (28,4%), Azië (18,7%), Afrika (3,8%) en Oceanië (2,1%). Het aandeel van de constructie in de economie van regio's: Oceanië (8,2%), Europa (7,9%), Azië (6,8%), Afrika (6,4%) en Amerika (5,5%). De constructie per hoofd van de bevolking in regio's: Oceanië ($415,3), Europa ($277,9), Amerika ($217,5), Afrika ($39,9) en Azië ($34,4). De groei van de constructie in regio's: Azië (5,1%), Afrika (4,5%), Oceanië (1,7%), Amerika (1,5%) en Europa (1,3%).

Leiders. De bouw van de wereld in de jaren 1970 bestond uit: Verenigde Staten (18,9%), Sovjet-Unie (12,2%), Japan (10,2%), Duitsland (7,9%), Frankrijk (5,2%), en andere (45,6%). Het aandeel van de constructie in economie van de leiders: Sovjet-Unie (8,1%), Japan (8,0%), Duitsland (7,6%), Frankrijk (7,5%) en Verenigde Staten (4,8%). De toegevoegde waarde van de constructie per hoofd in de wereld onder de leiders: Duitsland ($428,6), Frankrijk ($417,3), Japan ($390,8), Verenigde Staten ($371,5) en Sovjet-Unie ($208,1). De groei van de constructie onder de leiders: Sovjet-Unie (6,5%), Japan (3,4%), Frankrijk (2,0%), Duitsland (0,66%) en Verenigde Staten (0,31%).

de jaren 1980

De sector van de constructie in de wereld bedroeg in de jaren 1980 US$900,0 miljard per jaar.

Het aandeel van de constructie in de economie van de wereld was 6,1% in de jaren 1980, en was vergelijkbaar met de Dominicaanse Republiek (6,1%), Jordanië (6,2%).

De toegevoegde waarde van de constructie per hoofd in de wereld was $186,2 in de jaren 1980s, en was vergelijkbaar met Nauru (US$183,8), Suriname (US$190,8).

De groei van de constructie in de wereld bedroeg 1.7% in de jaren 1980.

Regio's. De constructie van de wereld in de jaren 1980 bestond uit: Europa (39,5%), Amerika (29,2%), Azië (26,3%), Afrika (3,2%) en Oceanië (1,9%). Het aandeel van de constructie in de economie van regio's: Azië (7,0%), Europa (7,0%), Oceanië (6,9%), Afrika (5,6%) en Amerika (4,9%). De constructie per hoofd van de bevolking in regio's: Oceanië ($677,4), Europa ($462,7), Amerika ($396,8), Azië ($83,3) en Afrika ($53,3). De groei van de constructie in regio's: Oceanië (2,8%), Azië (2,7%), Europa (1,9%), Amerika (0,83%) en Afrika (0,41%).

Leiders. De toegevoegde waarde van de constructie in de wereld in de jaren 1980 bestond uit: Verenigde Staten (20,1%), Japan (15,4%), Sovjet-Unie (8,0%), Duitsland (6,4%), Frankrijk (4,7%), en andere (45,4%). Het aandeel van de constructie in economie van de leiders: Sovjet-Unie (8,1%), Japan (7,7%), Frankrijk (6,5%), Duitsland (6,4%) en Verenigde Staten (4,3%). De sector van de constructie per hoofd in de wereld onder de leiders: Japan ($1.143,9), Verenigde Staten ($754,4), Frankrijk ($751,9), Duitsland ($740,2) en

Sovjet-Unie ($262,0). De groei van de constructie onder de leiders: Sovjet-Unie (6,2%), Japan (2,1%), Verenigde Staten (1,1%), Frankrijk (0,67%) en Duitsland (-0,52%).

de jaren 1990

De constructie van de wereld bedroeg in de jaren 1990 US$1,6 biljoen per jaar.

Het aandeel van de constructie in de economie van de wereld was 5,8% in de jaren 1990, en was vergelijkbaar met Noord-Macedonië (5,8%), Zuidoost-Azië (5,8%), China (5,8%).

De waarde van de constructie per hoofd in de wereld was $278,6 in de jaren 1990s, en was vergelijkbaar met de Seychellen (US$282,1).

De groei van de constructie in de wereld bedroeg 0.7% in de jaren 1990.

Regio's. De waarde van de constructie in de wereld in de jaren 1990 bestond uit: Europa (34,8%), Azië (34,6%), Amerika (27,4%), Oceanië (1,6%) en Afrika (1,5%). Het aandeel van de constructie in de economie van regio's: Azië (7,2%), Europa (6,2%), Oceanië (6,2%), Amerika (4,4%) en Afrika (4,4%). De constructie per hoofd van de bevolking in regio's: Oceanië ($881,0), Europa ($760,7), Amerika ($564,1), Azië ($158,8) en Afrika ($34,6). De groei van de constructie in regio's: Oceanië (3,0%), Afrika (2,8%), Azië (2,3%), Amerika (1,8%) en Europa (-1,7%).

Leiders. De bouw van de wereld in de jaren 1990 bestond uit: Japan (21,6%), Verenigde Staten (18,8%), Duitsland (7,9%), Verenigd Koninkrijk (4,4%), Frankrijk (4,3%), en andere (42,9%). Het aandeel van de constructie in economie van de leiders: Japan (8,0%), Duitsland (6,3%), Verenigd Koninkrijk (5,6%), Frankrijk (5,4%) en Verenigde Staten (4,0%). De toegevoegde waarde van de constructie per hoofd in de wereld onder de leiders: Japan ($2.721,7), Duitsland ($1.552,3), Verenigd Koninkrijk ($1.205,1), Frankrijk ($1.158,8) en Verenigde Staten ($1.131,2). De groei van de constructie onder de leiders: Verenigde Staten (1,8%), Duitsland (-0,047%), Verenigd Koninkrijk (-0,34%), Frankrijk (-0,65%) en Japan (-1,0%).

de jaren 2000

De toegevoegde waarde van de constructie in de wereld bedroeg in de jaren 2000 US$2,5 biljoen per jaar.

Het aandeel van de constructie in de economie van de wereld was 5,6% in de jaren 2000, en was vergelijkbaar met de Nederland (5,6%), Cuba (5,6%), Nieuw-Zeeland (5,6%).

De waarde van de constructie per hoofd in de wereld was $381,3 in de jaren 2000s, en was vergelijkbaar met Albanië (US$384,4), Uruguay (US$377,0).

De groei van de constructie in de wereld bedroeg 1.5% in de jaren 2000, en was vergelijkbaar met Centraal-Amerika (1,5%).

Regio's. De bouw van de wereld in de jaren 2000 bestond uit: Europa (33,8%), Amerika (33,0%), Azië (29,0%), Oceanië (2,2%) en Afrika (2,0%). Het aandeel van de constructie in de economie van regio's: Oceanië (7,1%), Europa (6,1%), Azië (5,8%), Amerika (5,0%) en Afrika (4,6%). De constructie per hoofd van de bevolking in regio's: Oceanië ($1.644,6), Europa ($1.147,4), Amerika ($931,0), Azië ($181,9) en Afrika ($53,8). De groei van de constructie in regio's: Afrika (8,4%), Oceanië (4,8%), Azië (4,4%), Europa (0,97%) en Amerika (-0,96%).

Leiders. De sector van de constructie in de wereld in de jaren 2000 bestond uit: Verenigde Staten (23,5%), Japan (10,9%), China (6,1%), Verenigd Koninkrijk (5,3%), Spanje (4,5%), en andere (49,7%). Het aandeel van de constructie in economie van de leiders: Spanje (11,3%), Verenigd Koninkrijk (6,3%), Japan (5,8%), China (5,8%) en Verenigde Staten (4,6%). De bouw per hoofd in de wereld onder de leiders: Spanje ($2.560,2), Verenigd Koninkrijk ($2.186,4), Japan ($2.110,1), Verenigde Staten ($1.983,7) en China ($113,1). De groei van de constructie onder de leiders: China (11,9%), Spanje (1,7%), Verenigd Koninkrijk (0,17%), Verenigde Staten (-2,6%) en Japan (-3,9%).

de jaren 2010

De constructie van de wereld bedroeg in de jaren 2010 US$4,2 biljoen per jaar.

Het aandeel van de constructie in de economie van de wereld was 5,7% in de jaren 2010, en was vergelijkbaar met Slovenië (5,7%), Macau (5,7%), Benin (5,7%).

De sector van de constructie per hoofd in de wereld was $572,1 in de jaren 2010s, en was vergelijkbaar met Argentinië (US$573,5).

De groei van de constructie in de wereld bedroeg 2.9% in de jaren 2010.

Regio's. De sector van de constructie in de wereld in de jaren 2010 bestond uit: Azië (41,3%), Amerika (27,6%), Europa (25,1%), Afrika (3,0%) en Oceanië (3,0%). Het aandeel van de constructie in de economie van regio's: Oceanië (8,1%), Azië (6,5%), Afrika (5,8%), Europa (5,6%) en Amerika (4,7%). De bouw per hoofd van de bevolking in regio's: Oceanië ($3.171,9), Europa ($1.415,6), Amerika ($1.189,0), Azië ($392,9) en Afrika ($109,4). De groei van de constructie in regio's: Afrika (5,8%), Azië (5,6%), Oceanië (1,7%), Amerika (1,3%) en Europa (0,50%).

Leiders. De sector van de constructie in de wereld in de jaren 2010 bestond uit: China (17,4%), Verenigde Staten (16,2%), Japan (6,6%), India (4,0%), Duitsland (3,7%), en andere (52,1%). Het aandeel van de constructie in economie van de leiders: India (8,3%), China (7,0%), Japan (5,4%), Duitsland (4,6%) en Verenigde Staten (3,8%). De waarde van de constructie per hoofd in de wereld onder de leiders: Japan ($2.178,3), Verenigde Staten ($2.130,9), Duitsland ($1.871,9), China ($521,3) en India ($129,1). De groei van de constructie onder de leiders: China (8,2%), India (5,2%), Duitsland (1,8%), Japan (1,7%) en Verenigde Staten (1,4%).

Hoofdstuk VII. Vervoer

Transport, opslag en communicatie (ISIC I)

De waarde van het transport in de wereld steeg van US$493,8 miljard per jaar in de jaren 1970 tot US$6,3 biljoen per jaar in de jaren 2010, dat wil zeggen met US$5,8 biljoen of 12,8 keer. De verandering vond plaats op US$4,1 biljoen als gevolg van een 2,8-voudige stijging van de prijzen, en ook op US$1,4 biljoen als gevolg van een 2,5-voudige toename van de productiviteit , evenals op US$403,2 miljard als gevolg van de toename van de bevolking. De gemiddelde jaarlijkse groei van het transport is 4,0%. De minimumwaarde van het transport bedroeg US$257,6 miljard in 1970. De maximumwaarde van het transport bedroeg US$7,2 biljoen in 2019.

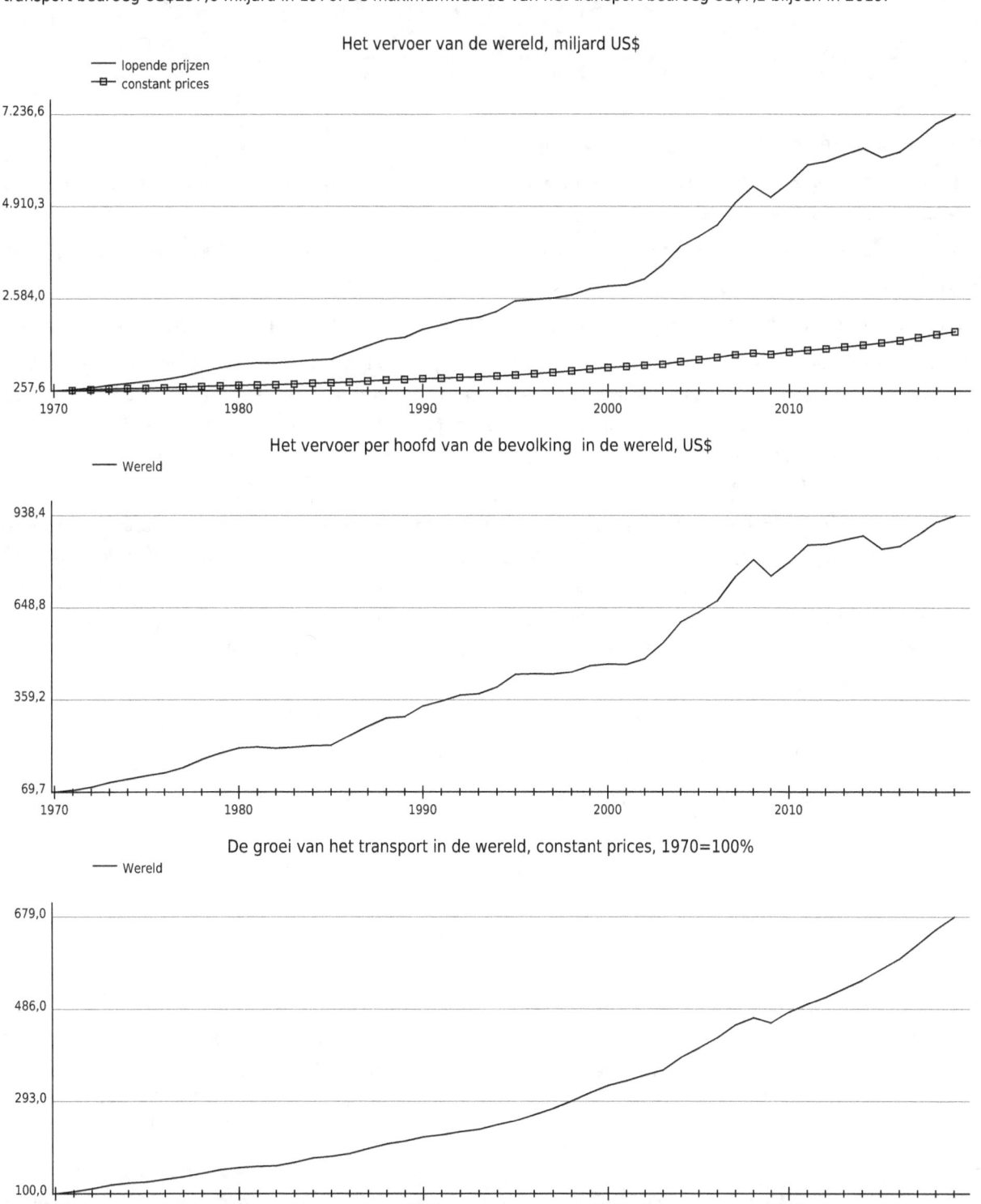

Het vervoer van de wereld, miljard US$

Het vervoer per hoofd van de bevolking in de wereld, US$

De groei van het transport in de wereld, constant prices, 1970=100%

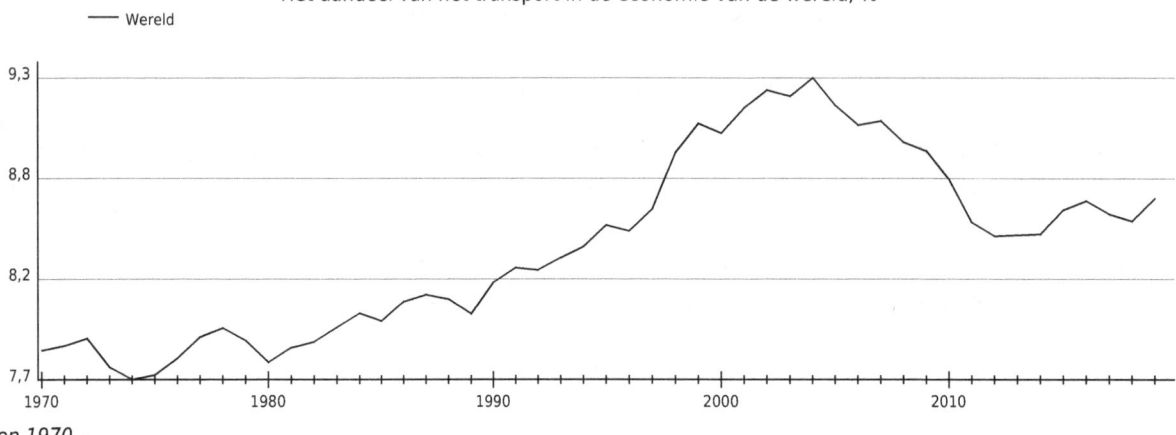

Het aandeel van het transport in de economie van de wereld, %

— Wereld

de jaren 1970

Het transport van de wereld bedroeg in de jaren 1970 US$493,8 miljard per jaar.

Het aandeel van het transport in de economie van de wereld was 7,8% in de jaren 1970, en was vergelijkbaar met Togo (7,8%), de Nederland (7,7%), Centraal-Afrika (7,7%).

Het vervoer per hoofd in de wereld was $122,3 in de jaren 1970s, en was vergelijkbaar met Zuidelijk Afrika (US$121,2), Portugal (US$124,8).

De groei van het transport in de wereld bedroeg 4.6% in de jaren 1970, en was vergelijkbaar met Sri Lanka (4,6%), Noorwegen (4,6%).

Regio's. De toegevoegde waarde van het transport in de wereld in de jaren 1970 bestond uit: Amerika (40,9%), Europa (36,5%), Azië (16,1%), Afrika (4,6%) en Oceanië (1,8%). Het aandeel van het transport in de economie van regio's: Amerika (9,1%), Afrika (9,0%), Oceanië (8,3%), Europa (7,1%) en Azië (6,8%). Het transport per hoofd van de bevolking in regio's: Oceanië ($423,7), Amerika ($360,9), Europa ($248,3), Afrika ($55,9) en Azië ($34,3). De groei van het transport in regio's: Afrika (6,8%), Amerika (4,9%), Oceanië (4,9%), Europa (4,3%) en Azië (4,1%).

Leiders. De waarde van het transport in de wereld in de jaren 1970 bestond uit: Verenigde Staten (34,1%), Japan (9,4%), Duitsland (6,0%), Sovjet-Unie (5,8%), Frankrijk (4,9%), en andere (39,8%). Het aandeel van het transport in economie van de leiders: Verenigde Staten (9,9%), Japan (8,5%), Frankrijk (8,1%), Duitsland (6,7%) en Sovjet-Unie (4,4%). De waarde van het transport per hoofd in de wereld onder de leiders: Verenigde Staten ($772,4), Frankrijk ($447,4), Japan ($416,6), Duitsland ($376,1) en Sovjet-Unie ($114,0). De groei van het transport onder de leiders: Sovjet-Unie (8,1%), Verenigde Staten (4,2%), Frankrijk (4,1%), Duitsland (3,0%) en Japan (1,7%).

de jaren 1980

Het vervoer van de wereld bedroeg in de jaren 1980 US$1,2 biljoen per jaar.

Het aandeel van het transport in de economie van de wereld was 8,0% in de jaren 1980, en was vergelijkbaar met Tonga (8,0%), Bolivia (7,9%), Belize (7,9%).

De waarde van het transport per hoofd in de wereld was $242,0 in de jaren 1980s, en was vergelijkbaar met Tsjecho-Slowakije (US$237,2).

De groei van het transport in de wereld bedroeg 3.4% in de jaren 1980, en was vergelijkbaar met Canada (3,4%), Rwanda (3,4%), Bolivia (3,4%).

Regio's. De waarde van het transport in de wereld in de jaren 1980 bestond uit: Amerika (40,5%), Europa (32,4%), Azië (21,1%), Afrika (4,2%) en Oceanië (1,8%). Het aandeel van het transport in de economie van regio's: Afrika (9,5%), Oceanië (8,9%), Amerika (8,8%), Europa (7,4%) en Azië (7,3%). Het transport per hoofd van de bevolking in regio's: Oceanië ($872,5), Amerika ($714,8), Europa ($494,5), Afrika ($90,3) en Azië ($86,8). De groei van het transport in regio's: Azië (5,2%), Oceanië (4,2%), Amerika (3,5%), Europa (2,8%) en Afrika (-0,23%).

Leiders. De toegevoegde waarde van het transport in de wereld in de jaren 1980 bestond uit: Verenigde Staten (33,8%), Japan (12,6%), Duitsland (4,8%), Frankrijk (4,8%), Verenigd Koninkrijk (4,5%), en andere (39,4%). Het aandeel van het transport in economie van de leiders: Verenigde Staten (9,5%), Frankrijk (8,6%), Verenigd Koninkrijk (8,5%), Japan (8,2%) en Duitsland (6,2%). De sector van het transport per hoofd in de wereld onder de leiders: Verenigde Staten ($1.649,2), Japan ($1.217,8), Frankrijk ($993,7), Verenigd Koninkrijk ($938,7) en Duitsland ($725,5). De groei van het transport onder de leiders: Frankrijk (5,4%), Japan (4,7%), Verenigde Staten (3,6%), Verenigd Koninkrijk (3,0%) en Duitsland (1,8%).

de jaren 1990

De toegevoegde waarde van het transport in de wereld bedroeg in de jaren 1990 US$2,3 biljoen per jaar.

Het aandeel van het transport in de economie van de wereld was 8,5% in de jaren 1990, en was vergelijkbaar met de Britse Maagdeneilanden (8,5%), Italië (8,6%), Irak (8,5%).

De waarde van het transport per hoofd in de wereld was $409,5 in de jaren 1990s, en was vergelijkbaar met Letland (US$409,8), Panama (US$407,7), Uruguay (US$405,1).

De groei van het transport in de wereld bedroeg 4% in de jaren 1990, en was vergelijkbaar met Tanzania (4,0%).

Regio's. De toegevoegde waarde van het transport in de wereld in de jaren 1990 bestond uit: Amerika (36,5%), Europa (33,6%), Azië (26,3%), Afrika (1,9%) en Oceanië (1,7%). Het aandeel van het transport in de economie van regio's: Oceanië (9,4%), Europa (8,8%), Amerika (8,6%), Azië (8,1%) en Afrika (8,0%). Het transport per hoofd van de bevolking in regio's: Oceanië ($1.336,3), Amerika ($1.104,4), Europa ($1.080,1), Azië ($177,2) en Afrika ($63,1). De groei van het transport in regio's: Azië (5,4%), Amerika (4,7%), Oceanië (4,7%), Afrika (3,3%) en Europa (2,4%).

Leiders. De sector van het transport in de wereld in de jaren 1990 bestond uit: Verenigde Staten (30,1%), Japan (16,0%), Duitsland (6,2%), Frankrijk (5,1%), Verenigd Koninkrijk (5,0%), en andere (37,6%). Het aandeel van het transport in economie van de leiders: Verenigd Koninkrijk (9,5%), Verenigde Staten (9,3%), Frankrijk (9,3%), Japan (8,7%) en Duitsland (7,3%). Het vervoer per hoofd in de wereld onder de leiders: Japan ($2.965,8), Verenigde Staten ($2.656,9), Verenigd Koninkrijk ($2.031,3), Frankrijk ($1.999,2) en Duitsland ($1.789,0). De groei van het transport onder de leiders: Verenigde Staten (5,0%), Frankrijk (4,8%), Verenigd Koninkrijk (4,7%), Duitsland (3,9%) en Japan (3,0%).

de jaren 2000

De toegevoegde waarde van het transport in de wereld bedroeg in de jaren 2000 US$4,0 biljoen per jaar.

Het aandeel van het transport in de economie van de wereld was 9,1% in de jaren 2000, en was vergelijkbaar met Duitsland (9,1%), Zuidwest-Azië (9,1%), Oostenrijk (9,1%).

De sector van het transport per hoofd in de wereld was $621,1 in de jaren 2000s, en was vergelijkbaar met Zuidwest-Azië (US$631,6).

De groei van het transport in de wereld bedroeg 3.9% in de jaren 2000, en was vergelijkbaar met Turkmenistan (3,9%).

Regio's. De waarde van het transport in de wereld in de jaren 2000 bestond uit: Amerika (36,7%), Europa (33,5%), Azië (25,9%), Afrika (2,2%) en Oceanië (1,7%). Het aandeel van het transport in de economie van regio's: Europa (9,8%), Amerika (9,1%), Oceanië (8,7%), Afrika (8,5%) en Azië (8,5%). Het vervoer per hoofd van de bevolking in regio's: Oceanië ($2.009,1), Europa ($1.850,1), Amerika ($1.687,7), Azië ($264,8) en Afrika ($99,3). De groei van het transport in regio's: Afrika (7,8%), Azië (5,4%), Oceanië (3,7%), Amerika (3,2%) en Europa (3,1%).

Leiders. Het transport van de wereld in de jaren 2000 bestond uit: Verenigde Staten (29,3%), Japan (11,6%), Duitsland (5,7%), Verenigd Koninkrijk (5,3%), Frankrijk (4,6%), en andere (43,5%). Het aandeel van het transport in economie van de leiders: Verenigd Koninkrijk (10,3%), Japan (10,0%), Frankrijk (9,8%), Verenigde Staten (9,4%) en Duitsland (9,1%). De toegevoegde waarde van het transport per hoofd in de wereld onder de leiders: Verenigde Staten ($4.029,0), Japan ($3.655,1), Verenigd Koninkrijk ($3.572,9), Frankrijk ($2.955,1) en Duitsland ($2.803,7). De groei van het transport onder de leiders: Duitsland (3,4%), Verenigd Koninkrijk (3,1%), Verenigde Staten (3,1%), Frankrijk (2,7%) en Japan (1,5%).

de jaren 2010

Het vervoer van de wereld bedroeg in de jaren 2010 US$6,3 biljoen per jaar.

Het aandeel van het transport in de economie van de wereld was 8,6% in de jaren 2010, en was vergelijkbaar met Indonesië (8,6%), de Verenigde Arabische Emiraten (8,5%), Kirgizië (8,6%).

Het vervoer per hoofd in de wereld was $864,8 in de jaren 2010s, en was vergelijkbaar met de Maldiven (US$844,8), Rusland

(US$844,4).

De groei van het transport in de wereld bedroeg 4% in de jaren 2010, en was vergelijkbaar met Zuid-Soedan (4,0%), Colombia (4,0%), Hongarije (4,0%).

Regio's. De toegevoegde waarde van het transport in de wereld in de jaren 2010 bestond uit: Amerika (36,6%), Azië (29,9%), Europa (28,4%), Afrika (3,2%) en Oceanië (1,9%). Het aandeel van het transport in de economie van regio's: Europa (9,6%), Amerika (9,4%), Afrika (9,2%), Oceanië (7,8%) en Azië (7,1%). Het vervoer per hoofd van de bevolking in regio's: Oceanië ($3.066,3), Europa ($2.422,4), Amerika ($2.381,9), Azië ($430,2) en Afrika ($173,7). De groei van het transport in regio's: Azië (4,7%), Amerika (4,7%), Afrika (3,8%), Europa (2,6%) en Oceanië (2,3%).

Leiders. De sector van het transport in de wereld in de jaren 2010 bestond uit: Verenigde Staten (28,2%), Japan (8,4%), China (7,3%), Duitsland (4,7%), Verenigd Koninkrijk (4,1%), en andere (47,3%). Het aandeel van het transport in economie van de leiders: Verenigd Koninkrijk (10,4%), Japan (10,2%), Verenigde Staten (10,0%), Duitsland (9,1%) en China (4,4%). De toegevoegde waarde van het transport per hoofd in de wereld onder de leiders: Verenigde Staten ($5.597,8), Japan ($4.141,7), Verenigd Koninkrijk ($3.929,2), Duitsland ($3.665,2) en China ($331,0). De groei van het transport onder de leiders: China (7,5%), Verenigde Staten (5,1%), Verenigd Koninkrijk (2,8%), Duitsland (2,7%) en Japan (0,81%).

Hoofdstuk VIII. Handel

Groothandel, detailhandel, restaurants en hotels (ISIC G-H)

De handel van de wereld steeg van US$892,5 miljard per jaar in de jaren 1970 tot US$10,5 biljoen per jaar in de jaren 2010, dat wil zeggen met US$9,6 biljoen of 11,8 keer. De verandering vond plaats op US$7,2 biljoen als gevolg van een 3,2-voudige stijging van de prijzen, en ook op US$1,7 biljoen als gevolg van een 2,1-voudige toename van de productiviteit , evenals op US$728,7 miljard als gevolg van de toename van de bevolking. De gemiddelde jaarlijkse groei van de handel is 3,4%. De minimumwaarde van de handel bedroeg US$461,7 miljard in 1970. De maximumwaarde van de handel bedroeg US$11,8 biljoen in 2019.

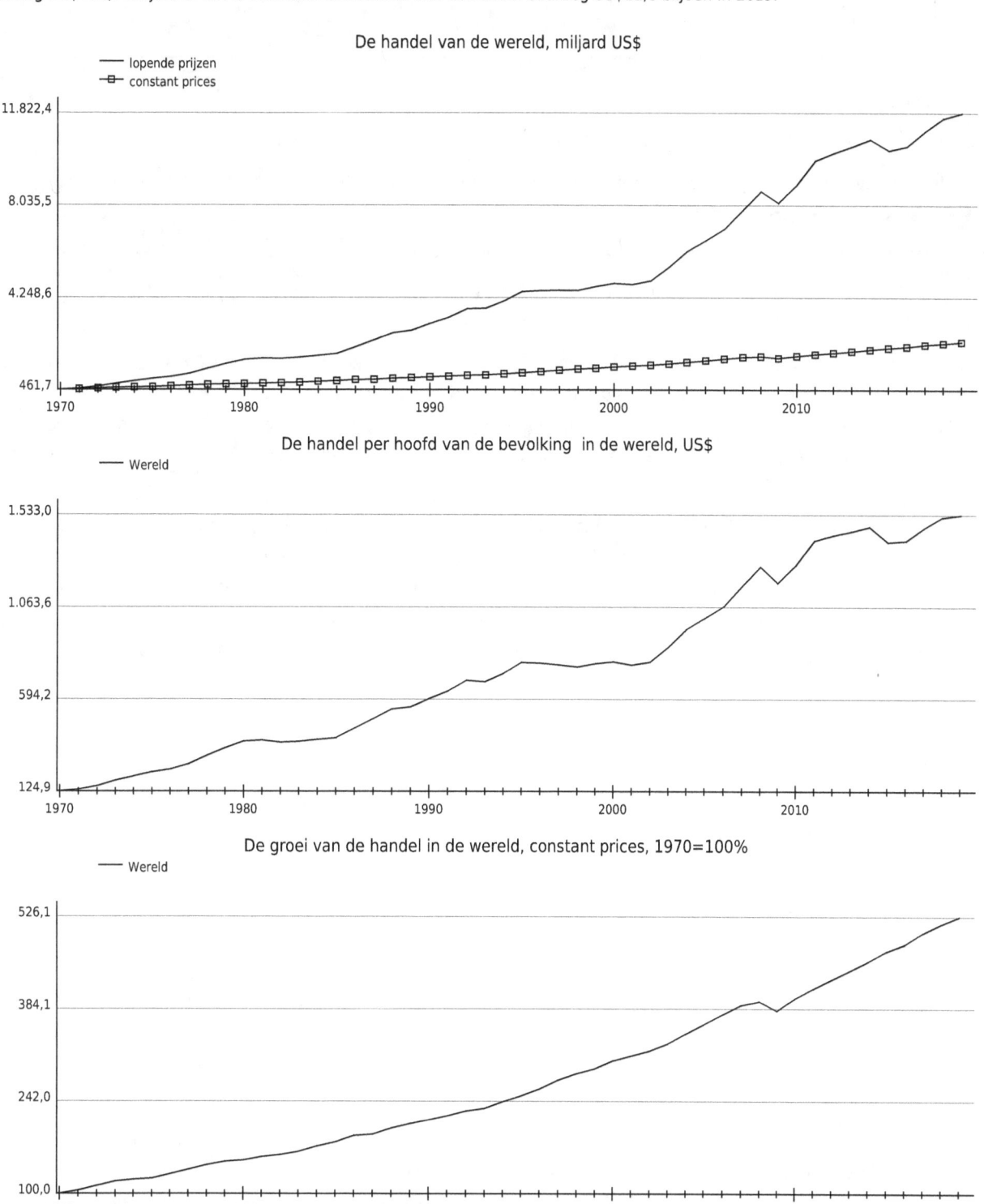

De handel van de wereld, miljard US$

De handel per hoofd van de bevolking in de wereld, US$

De groei van de handel in de wereld, constant prices, 1970=100%

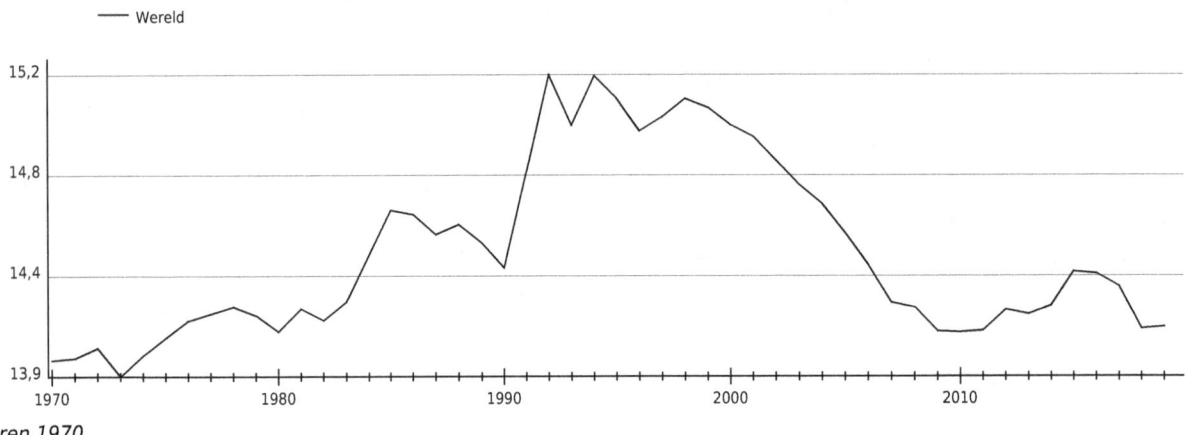

Het aandeel van de handel in de economie van de wereld, %

de jaren 1970

De toegevoegde waarde van de handel in de wereld bedroeg in de jaren 1970 US$892,5 miljard per jaar.

Het aandeel van de handel in de economie van de wereld was 14,1% in de jaren 1970, en was vergelijkbaar met Nieuw-Zeeland (14,1%), West-Europa (14,0%), Chili (14,0%).

De sector van de handel per hoofd in de wereld was $221,0 in de jaren 1970s, en was vergelijkbaar met Libië (US$216,1).

De groei van de handel in de wereld bedroeg 4.5% in de jaren 1970, en was vergelijkbaar met Zuid-Europa (4,5%), Mali (4,5%), Afrika (4,6%).

Regio's. De sector van de handel in de wereld in de jaren 1970 bestond uit: Amerika (41,1%), Europa (36,6%), Azië (17,5%), Afrika (3,4%) en Oceanië (1,4%). Het aandeel van de handel in de economie van regio's: Amerika (16,4%), Azië (13,2%), Europa (12,8%), Afrika (11,9%) en Oceanië (11,8%). De handel per hoofd van de bevolking in regio's: Amerika ($654,8), Oceanië ($597,4), Europa ($450,1), Afrika ($73,8) en Azië ($67,4). De groei van de handel in regio's: Azië (7,7%), Afrika (4,6%), Amerika (4,4%), Europa (3,6%) en Oceanië (1,6%).

Leiders. De waarde van de handel in de wereld in de jaren 1970 bestond uit: Verenigde Staten (31,2%), Japan (10,1%), Sovjet-Unie (7,0%), Duitsland (6,8%), Frankrijk (4,6%), en andere (40,3%). Het aandeel van de handel in economie van de leiders: Japan (16,6%), Verenigde Staten (16,4%), Frankrijk (13,8%), Duitsland (13,7%) en Sovjet-Unie (9,6%). De toegevoegde waarde van de handel per hoofd in de wereld onder de leiders: Verenigde Staten ($1.275,1), Japan ($811,1), Duitsland ($775,5), Frankrijk ($762,4) en Sovjet-Unie ($247,1). De groei van de handel onder de leiders: Japan (8,2%), Sovjet-Unie (5,2%), Frankrijk (3,9%), Verenigde Staten (3,9%) en Duitsland (3,0%).

de jaren 1980

De toegevoegde waarde van de handel in de wereld bedroeg in de jaren 1980 US$2,1 biljoen per jaar.

Het aandeel van de handel in de economie van de wereld was 14,4% in de jaren 1980, en was vergelijkbaar met Ierland (14,4%), Mauritius (14,5%), Palestina (14,5%).

De waarde van de handel per hoofd in de wereld was $437,7 in de jaren 1980s, en was vergelijkbaar met Oman (US$428,8).

De groei van de handel in de wereld bedroeg 3.3% in de jaren 1980, en was vergelijkbaar met Oeganda (3,3%), Algerije (3,3%).

Regio's. De waarde van de handel in de wereld in de jaren 1980 bestond uit: Amerika (39,7%), Europa (33,4%), Azië (22,4%), Afrika (3,1%) en Oceanië (1,4%). Het aandeel van de handel in de economie van regio's: Amerika (15,5%), Azië (14,0%), Europa (13,9%), Afrika (12,8%) en Oceanië (12,2%). De handel per hoofd van de bevolking in regio's: Amerika ($1.268,0), Oceanië ($1.193,9), Europa ($921,4), Azië ($166,8) en Afrika ($121,8). De groei van de handel in regio's: Azië (5,8%), Amerika (3,5%), Afrika (2,7%), Oceanië (2,5%) en Europa (1,9%).

Leiders. De toegevoegde waarde van de handel in de wereld in de jaren 1980 bestond uit: Verenigde Staten (30,9%), Japan (13,1%), Duitsland (5,5%), Sovjet-Unie (5,3%), Italië (4,5%), en andere (40,7%). Het aandeel van de handel in economie van de leiders: Italië (17,3%), Verenigde Staten (15,6%), Japan (15,4%), Duitsland (12,9%) en Sovjet-Unie (12,7%). De handel per hoofd in de wereld onder de leiders: Verenigde Staten ($2.728,2), Japan ($2.286,5), Italië ($1.684,2), Duitsland ($1.496,0) en Sovjet-Unie ($408,1). De groei van de handel onder de leiders: Japan (4,9%), Verenigde Staten (4,4%), Italië (2,3%), Duitsland (1,8%) en Sovjet-Unie (-0,62%).

de jaren 1990

De sector van de handel in de wereld bedroeg in de jaren 1990 US$4,1 biljoen per jaar.

Het aandeel van de handel in de economie van de wereld was 15,0% in de jaren 1990, en was vergelijkbaar met Saint Vincent en de Grenadines (15,0%), Noord-Afrika (15,0%), Afrika (15,2%).

De toegevoegde waarde van de handel per hoofd in de wereld was $721,8 in de jaren 1990s, en was vergelijkbaar met de Maldiven (US$714,6), Trinidad en Tobago (US$735,6).

De groei van de handel in de wereld bedroeg 3.5% in de jaren 1990, en was vergelijkbaar met Pakistan (3,5%), Australazië (3,5%), Bolivia (3,5%).

Regio's. De toegevoegde waarde van de handel in de wereld in de jaren 1990 bestond uit: Amerika (36,4%), Europa (31,8%), Azië (28,4%), Afrika (2,1%) en Oceanië (1,3%). Het aandeel van de handel in de economie van regio's: Azië (15,3%), Amerika (15,2%), Afrika (15,2%), Europa (14,7%) en Oceanië (13,5%). De handel per hoofd van de bevolking in regio's: Amerika ($1.943,2), Oceanië ($1.916,7), Europa ($1.798,1), Azië ($337,1) en Afrika ($120,3). De groei van de handel in regio's: Azië (4,9%), Amerika (3,8%), Oceanië (3,3%), Afrika (2,8%) en Europa (2,0%).

Leiders. De toegevoegde waarde van de handel in de wereld in de jaren 1990 bestond uit: Verenigde Staten (28,3%), Japan (17,3%), Duitsland (5,9%), Italië (4,5%), Frankrijk (4,3%), en andere (39,7%). Het aandeel van de handel in economie van de leiders: Italië (16,9%), Japan (16,5%), Verenigde Staten (15,4%), Frankrijk (13,8%) en Duitsland (12,3%). De waarde van de handel per hoofd in de wereld onder de leiders: Japan ($5.656,5), Verenigde Staten ($4.395,6), Italië ($3.255,0), Duitsland ($3.021,8) en Frankrijk ($2.980,3). De groei van de handel onder de leiders: Verenigde Staten (4,3%), Japan (3,8%), Duitsland (2,5%), Frankrijk (2,4%) en Italië (1,9%).

de jaren 2000

De waarde van de handel in de wereld bedroeg in de jaren 2000 US$6,4 biljoen per jaar.

Het aandeel van de handel in de economie van de wereld was 14,5% in de jaren 2000, en was vergelijkbaar met Ghana (14,6%), Bangladesh (14,6%), Palestina (14,6%).

De sector van de handel per hoofd in de wereld was $990,3 in de jaren 2000s, en was vergelijkbaar met Cuba (US$992,8), Rusland (US$995,4), Turkije (US$968,7).

De groei van de handel in de wereld bedroeg 2.7% in de jaren 2000, en was vergelijkbaar met Guatemala (2,7%).

Regio's. De toegevoegde waarde van de handel in de wereld in de jaren 2000 bestond uit: Amerika (37,8%), Europa (31,5%), Azië (26,9%), Afrika (2,3%) en Oceanië (1,5%). Het aandeel van de handel in de economie van regio's: Amerika (14,9%), Europa (14,6%), Azië (14,1%), Afrika (14,1%) en Oceanië (12,7%). De handel per hoofd van de bevolking in regio's: Oceanië ($2.922,7), Europa ($2.771,1), Amerika ($2.770,2), Azië ($438,7) en Afrika ($164,0). De groei van de handel in regio's: Afrika (5,9%), Azië (4,5%), Oceanië (3,0%), Europa (2,2%) en Amerika (1,6%).

Leiders. De waarde van de handel in de wereld in de jaren 2000 bestond uit: Verenigde Staten (29,1%), Japan (12,0%), Duitsland (4,6%), Verenigd Koninkrijk (4,6%), China (4,1%), en andere (45,7%). Het aandeel van de handel in economie van de leiders: Japan (16,5%), Verenigde Staten (14,9%), Verenigd Koninkrijk (14,0%), Duitsland (11,8%) en China (10,1%). De toegevoegde waarde van de handel per hoofd in de wereld onder de leiders: Verenigde Staten ($6.383,1), Japan ($6.021,3), Verenigd Koninkrijk ($4.856,7), Duitsland ($3.637,0) en China ($197,5). De groei van de handel onder de leiders: China (11,9%), Duitsland (1,7%), Verenigd Koninkrijk (1,3%), Verenigde Staten (1,1%) en Japan (-0,77%).

de jaren 2010

De waarde van de handel in de wereld bedroeg in de jaren 2010 US$10,5 biljoen per jaar.

Het aandeel van de handel in de economie van de wereld was 14,2% in de jaren 2010, en was vergelijkbaar met Tunesië (14,3%), Paraguay (14,2%), Slovenië (14,3%).

De waarde van de handel per hoofd in de wereld was $1.436,8 in de jaren 2010s, en was vergelijkbaar met Hongarije (US$1.435,0), de Caraïben (US$1.454,7), Oost-Azië (US$1.455,8).

De groei van de handel in de wereld bedroeg 3.3% in de jaren 2010, en was vergelijkbaar met Honduras (3,3%), Letland (3,3%).

Regio's. De waarde van de handel in de wereld in de jaren 2010 bestond uit: Amerika (35,2%), Azië (34,3%), Europa (25,6%), Afrika (3,2%) en Oceanië (1,7%). Het aandeel van de handel in de economie van regio's: Afrika (15,5%), Amerika (15,0%), Europa (14,3%), Azië (13,5%) en Oceanië (11,6%). De handel per hoofd van de bevolking in regio's: Oceanië ($4.550,6), Amerika ($3.802,7), Europa ($3.620,4), Azië ($821,1) en Afrika ($291,7). De groei van de handel in regio's: Azië (5,6%), Afrika (3,4%), Amerika (2,1%), Oceanië (2,0%) en Europa (2,0%).

Leiders. De handel van de wereld in de jaren 2010 bestond uit: Verenigde Staten (24,8%), China (11,3%), Japan (8,3%), Duitsland (3,5%), Verenigd Koninkrijk (3,1%), en andere (48,9%). Het aandeel van de handel in economie van de leiders: Japan (16,7%), Verenigde Staten (14,6%), Verenigd Koninkrijk (13,4%), China (11,4%) en Duitsland (11,3%). De sector van de handel per hoofd in de wereld onder de leiders: Verenigde Staten ($8.186,4), Japan ($6.797,1), Verenigd Koninkrijk ($5.030,4), Duitsland ($4.551,8) en China ($851,7). De groei van de handel onder de leiders: China (8,9%), Verenigd Koninkrijk (2,8%), Verenigde Staten (2,3%), Duitsland (2,0%) en Japan (0,77%).

Hoofdstuk IX. Diensten

(ISIC J-P)

De diensten van de wereld zijn gestegen van US$2,0 biljoen per jaar in de jaren 1970 tot US$32,8 biljoen per jaar in de jaren 2010, dat wil zeggen met US$30,7 biljoen of 16,0 keer. De verandering vond plaats op US$26,0 biljoen als gevolg van een 4,8-voudige stijging van de prijzen, en ook op US$3,1 biljoen als gevolg van een 1,8-voudige toename van de productiviteit , evenals op US$1,7 biljoen als gevolg van de toename van de bevolking. De gemiddelde jaarlijkse groei van de diensten is 3,1%. De minimumwaarde van de diensten bedroeg US$1,0 biljoen in 1970. De maximumwaarde van de diensten bedroeg US$37,7 biljoen in 2019.

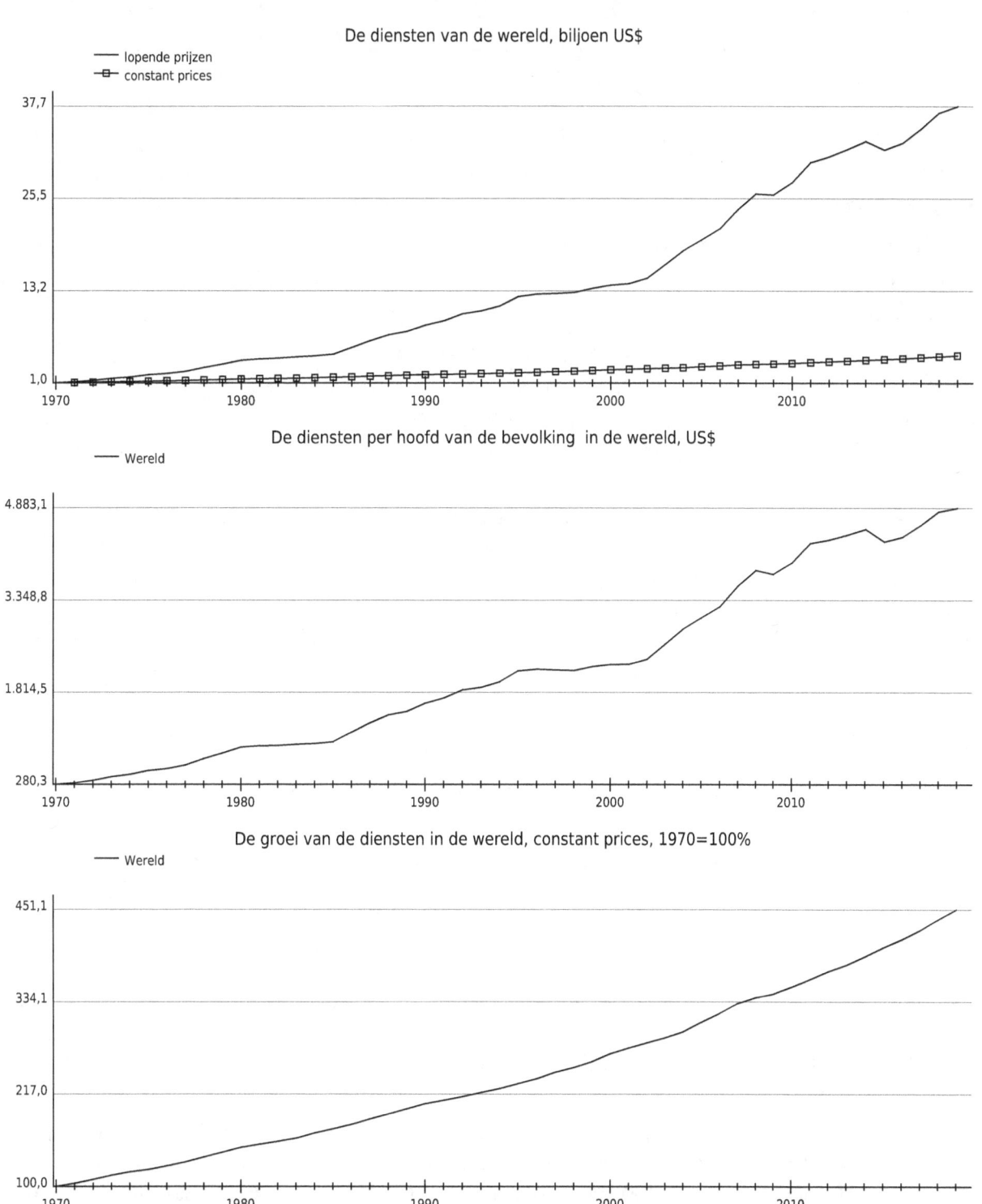

De diensten van de wereld, biljoen US$

De diensten per hoofd van de bevolking in de wereld, US$

De groei van de diensten in de wereld, constant prices, 1970=100%

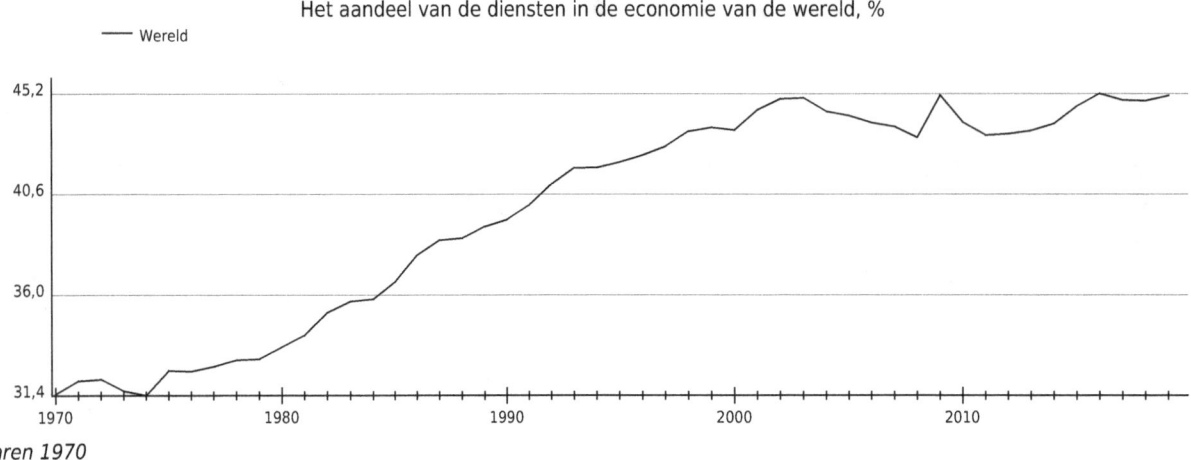

Het aandeel van de diensten in de economie van de wereld, %

de jaren 1970

De diensten van de wereld bedroegen in de jaren 1970 US$2,0 biljoen per jaar.

Het aandeel van de diensten in de economie van de wereld was 32,4% in de jaren 1970, en was vergelijkbaar met Cyprus (32,3%), Congo (32,3%), de Comoren (32,3%).

De diensten per hoofd in de wereld waren $506,9 in de jaren 1970s.

De groei van de diensten in de wereld bedroeg 4.1% in de jaren 1970, en was vergelijkbaar met Australië (4,0%), Oceanië (4,0%), West-Europa (4,0%).

Regio's. De diensten van de wereld in de jaren 1970 bestonden uit: Amerika (41,1%), Europa (40,1%), Azië (13,8%), Afrika (3,1%) en Oceanië (1,9%). Het aandeel van de diensten in de economie van regio's: Amerika (37,7%), Oceanië (36,4%), Europa (32,2%), Afrika (25,2%) en Azië (23,9%). De diensten per hoofd van de bevolking in regio's: Oceanië ($1.847,3), Amerika ($1.502,8), Europa ($1.130,2), Afrika ($156,0) en Azië ($121,6). De groei van de diensten in regio's: Azië (6,5%), Afrika (5,5%), Oceanië (4,0%), Europa (3,7%) en Amerika (3,7%).

Leiders. De sector van de diensten in de wereld in de jaren 1970 bestond uit: Verenigde Staten (32,9%), Sovjet-Unie (8,2%), Japan (7,5%), Duitsland (7,3%), Frankrijk (6,0%), en andere (38,0%). Het aandeel van de diensten in economie van de leiders: Frankrijk (41,0%), Verenigde Staten (39,8%), Duitsland (33,8%), Japan (28,2%) en Sovjet-Unie (25,9%). De toegevoegde waarde van de diensten per hoofd in de wereld onder de leiders: Verenigde Staten ($3.090,2), Frankrijk ($2.271,8), Duitsland ($1.907,6), Japan ($1.381,3) en Sovjet-Unie ($667,3). De groei van de diensten onder de leiders: Japan (5,9%), Duitsland (4,8%), Frankrijk (3,9%), Verenigde Staten (3,3%) en Sovjet-Unie (0,90%).

de jaren 1980

De sector van de diensten in de wereld bedroeg in de jaren 1980 US$5,4 biljoen per jaar.

Het aandeel van de diensten in de economie van de wereld was 36,8% in de jaren 1980, en was vergelijkbaar met Europa (36,8%), Vanuatu (36,9%), Barbados (36,7%).

De sector van de diensten per hoofd in de wereld was $1.115,5 in de jaren 1980s, en was vergelijkbaar met Malta (US$1.121,2).

De groei van de diensten in de wereld bedroeg 3.3% in de jaren 1980, en was vergelijkbaar met Zuid-Afrika (3,3%), het Verenigd Koninkrijk (3,3%), Zuid-Europa (3,3%).

Regio's. De toegevoegde waarde van de diensten in de wereld in de jaren 1980 bestond uit: Amerika (42,5%), Europa (34,9%), Azië (18,5%), Afrika (2,4%) en Oceanië (1,8%). Het aandeel van de diensten in de economie van regio's: Amerika (42,4%), Oceanië (40,2%), Europa (36,8%), Azië (29,5%) en Afrika (24,8%). De diensten per hoofd van de bevolking in regio's: Oceanië ($3.935,7), Amerika ($3.456,8), Europa ($2.449,2), Azië ($351,5) en Afrika ($235,7). De groei van de diensten in regio's: Azië (5,3%), Oceanië (4,0%), Afrika (3,9%), Europa (3,0%) en Amerika (2,8%).

Leiders. De diensten van de wereld in de jaren 1980 bestonden uit: Verenigde Staten (34,8%), Japan (11,5%), Duitsland (6,7%), Frankrijk (5,5%), Verenigd Koninkrijk (4,9%), en andere (36,6%). Het aandeel van de diensten in economie van de leiders: Frankrijk (45,2%), Verenigde Staten (45,0%), Verenigd Koninkrijk (42,7%), Duitsland (39,9%) en Japan (34,4%). De waarde van de diensten per hoofd in de wereld onder de leiders: Verenigde Staten ($7.844,6), Frankrijk ($5.211,0), Japan ($5.111,4), Verenigd Koninkrijk ($4.700,6) en Duitsland ($4.642,6). De groei van de diensten onder de leiders: Japan (4,8%), Verenigd Koninkrijk (3,3%), Duitsland (3,1%), Verenigde Staten (2,8%) en Frankrijk (2,3%).

de jaren 1990

De sector van de diensten in de wereld bedroeg in de jaren 1990 US$11,5 biljoen per jaar.

Het aandeel van de diensten in de economie van de wereld was 42,0% in de jaren 1990, en was vergelijkbaar met Saint Kitts en Nevis (42,0%), Argentinië (42,2%), Italië (42,3%).

De diensten per hoofd in de wereld waren $2.014,6 in de jaren 1990s.

De groei van de diensten in de wereld bedroeg 2.7% in de jaren 1990, en was vergelijkbaar met Honduras (2,7%), Noord-Europa (2,7%), Noorwegen (2,7%).

Regio's. De toegevoegde waarde van de diensten in de wereld in de jaren 1990 bestond uit: Amerika (41,5%), Europa (33,5%), Azië (22,1%), Oceanië (1,6%) en Afrika (1,3%). Het aandeel van de diensten in de economie van regio's: Amerika (48,3%), Oceanië (45,1%), Europa (43,1%), Azië (33,4%) en Afrika (27,5%). De diensten per hoofd van de bevolking in regio's: Oceanië ($6.423,5), Amerika ($6.173,1), Europa ($5.286,9), Azië ($732,9) en Afrika ($217,8). De groei van de diensten in regio's: Azië (4,5%), Oceanië (3,6%), Afrika (2,6%), Amerika (2,4%) en Europa (2,1%).

Leiders. De toegevoegde waarde van de diensten in de wereld in de jaren 1990 bestond uit: Verenigde Staten (33,1%), Japan (14,1%), Duitsland (7,9%), Frankrijk (5,5%), Verenigd Koninkrijk (5,2%), en andere (34,3%). Het aandeel van de diensten in economie van de leiders: Verenigde Staten (50,2%), Frankrijk (49,0%), Verenigd Koninkrijk (47,8%), Duitsland (45,9%) en Japan (37,5%). De waarde van de diensten per hoofd in de wereld onder de leiders: Verenigde Staten ($14.354,4), Japan ($12.820,4), Duitsland ($11.259,5), Frankrijk ($10.578,2) en Verenigd Koninkrijk ($10.233,8). De groei van de diensten onder de leiders: Duitsland (3,2%), Verenigd Koninkrijk (3,0%), Verenigde Staten (2,3%), Japan (1,7%) en Frankrijk (1,6%).

de jaren 2000

De diensten van de wereld bedroegen in de jaren 2000 US$19,6 biljoen per jaar.

Het aandeel van de diensten in de economie van de wereld was 44,2% in de jaren 2000, en was vergelijkbaar met Zuid-Europa (44,3%).

De sector van de diensten per hoofd in de wereld was $3.011,2 in de jaren 2000s.

De groei van de diensten in de wereld bedroeg 2.9% in de jaren 2000, en was vergelijkbaar met Kirgizië (2,9%), Brazilië (2,9%).

Regio's. De toegevoegde waarde van de diensten in de wereld in de jaren 2000 bestond uit: Amerika (42,2%), Europa (32,8%), Azië (21,6%), Oceanië (1,9%) en Afrika (1,5%). Het aandeel van de diensten in de economie van regio's: Amerika (50,5%), Oceanië (48,2%), Europa (46,4%), Azië (34,4%) en Afrika (27,0%). De diensten per hoofd van de bevolking in regio's: Oceanië ($11.122,0), Amerika ($9.407,5), Europa ($8.787,5), Azië ($1.071,6) en Afrika ($314,3). De groei van de diensten in regio's: Azië (5,5%), Afrika (5,1%), Oceanië (3,2%), Amerika (2,2%) en Europa (2,0%).

Leiders. De waarde van de diensten in de wereld in de jaren 2000 bestond uit: Verenigde Staten (34,3%), Japan (10,0%), Duitsland (6,2%), Verenigd Koninkrijk (5,6%), Frankrijk (5,1%), en andere (38,8%). Het aandeel van de diensten in economie van de leiders: Verenigde Staten (53,4%), Frankrijk (52,9%), Verenigd Koninkrijk (52,0%), Duitsland (48,8%) en Japan (42,1%). De sector van de diensten per hoofd in de wereld onder de leiders: Verenigde Staten ($22.883,5), Verenigd Koninkrijk ($18.012,4), Frankrijk ($15.875,1), Japan ($15.302,2) en Duitsland ($14.979,9). De groei van de diensten onder de leiders: Verenigd Koninkrijk (2,7%), Verenigde Staten (2,0%), Frankrijk (1,5%), Japan (1,2%) en Duitsland (0,57%).

de jaren 2010

De waarde van de diensten in de wereld bedroeg in de jaren 2010 US$32,8 biljoen per jaar.

Het aandeel van de diensten in de economie van de wereld was 44,3% in de jaren 2010, en was vergelijkbaar met Uruguay (44,4%), Saint Kitts en Nevis (44,5%), San Marino (44,6%).

De sector van de diensten per hoofd in de wereld was $4.467,8 in de jaren 2010s, en was vergelijkbaar met Litouwen (US$4,5 duizend), Argentinië (US$4,4 duizend).

De groei van de diensten in de wereld bedroeg 2.7% in de jaren 2010, en was vergelijkbaar met Nieuw-Zeeland (2,7%), Congo-Brazzaville (2,8%).

Regio's. De waarde van de diensten in de wereld in de jaren 2010 bestond uit: Amerika (39,2%), Azië (28,8%), Europa (27,7%), Oceanië (2,4%) en Afrika (1,9%). Het aandeel van de diensten in de economie van regio's: Amerika (51,9%), Oceanië (51,4%), Europa (48,4%), Azië (35,2%) en Afrika (28,0%). De diensten per hoofd van de bevolking in regio's: Oceanië ($20.232,3), Amerika ($13.184,6), Europa ($12.213,1), Azië ($2.137,6) en Afrika ($528,2). De groei van de diensten in regio's: Azië (5,4%), Afrika (3,4%), Oceanië (2,9%), Amerika (1,8%) en Europa (1,3%).

Leiders. De diensten van de wereld in de jaren 2010 bestonden uit: Verenigde Staten (30,4%), China (10,8%), Japan (6,9%), Duitsland (4,9%), Verenigd Koninkrijk (4,1%), en andere (42,8%). Het aandeel van de diensten in economie van de leiders: Verenigde Staten (55,4%), Verenigd Koninkrijk (54,9%), Duitsland (48,7%), Japan (43,7%) en China (33,8%). De sector van de diensten per hoofd in de wereld onder de leiders: Verenigde Staten ($31.159,6), Verenigd Koninkrijk ($20.663,8), Duitsland ($19.637,7), Japan ($17.771,8) en China ($2.529,2). De groei van de diensten onder de leiders: China (8,4%), Verenigde Staten (1,8%), Verenigd Koninkrijk (1,7%), Duitsland (1,2%) en Japan (0,99%).

Part III. Externe betrekkingen

Hoofdstuk X. Uitvoer

Uitvoer van goederen en diensten

De waarde van de export in de wereld steeg van US$977,4 miljard per jaar in de jaren 1970 tot US$22,7 biljoen per jaar in de jaren 2010, dat wil zeggen met US$21,8 biljoen of 23,3 keer. De verandering vond plaats op US$15,2 biljoen als gevolg van een 3,0-voudige stijging van de prijzen, en ook op US$5,8 biljoen als gevolg van een 4,3-voudige toename van het tarief per hoofd , evenals op US$798,1 miljard als gevolg van de toename van de bevolking. De gemiddelde jaarlijkse groei van de export is 5,3%. De minimumwaarde van de export bedroeg US$385,1 miljard in 1970. De maximumwaarde van de export bedroeg US$25,2 biljoen in 2018.

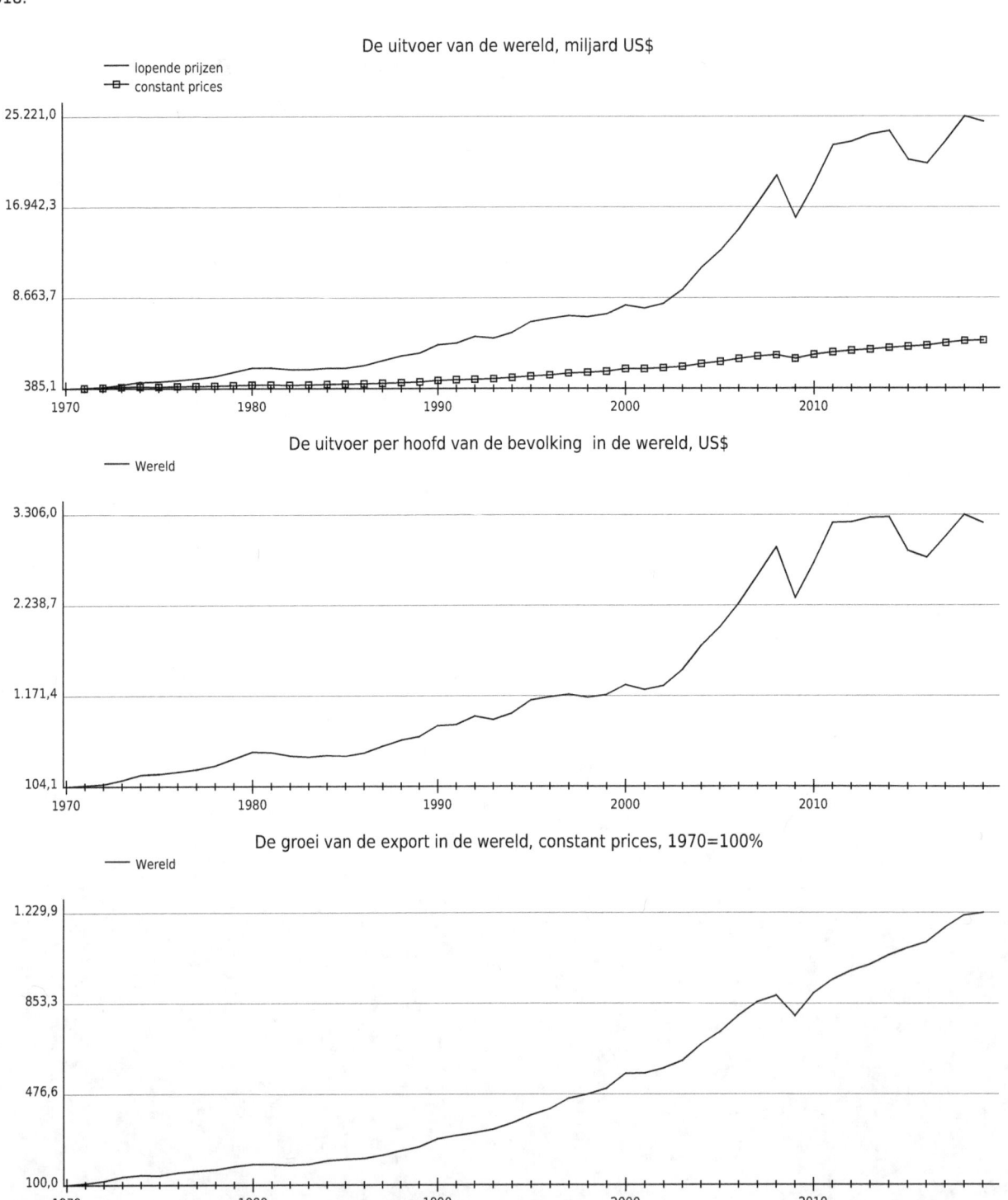

De uitvoer van de wereld, miljard US$

De uitvoer per hoofd van de bevolking in de wereld, US$

De groei van de export in de wereld, constant prices, 1970=100%

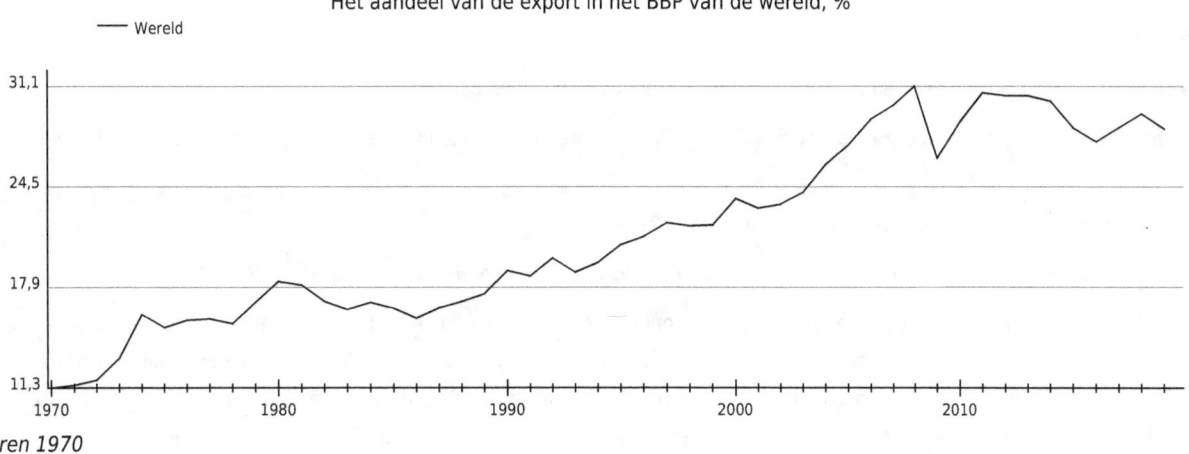

Het aandeel van de export in het BBP van de wereld, %

de jaren 1970

De uitvoer van de wereld bedroeg in de jaren 1970 US$977,4 miljard per jaar.

Het aandeel van de export in het BBP van de wereld was 14,9% in de jaren 1970, en was vergelijkbaar met Niger (14,9%).

De waarde van de export per hoofd in de wereld was $242,1 in de jaren 1970s, en was vergelijkbaar met Chili (US$240,3), Liberia (US$238,4), Grenada (US$237,5).

De groei van de export in de wereld bedroeg 6.5% in de jaren 1970, en was vergelijkbaar met Egypte (6,5%).

Regio's. De waarde van de export in de wereld in de jaren 1970 bestond uit: Europa (48,0%), Amerika (22,8%), Azië (21,6%), Afrika (5,7%) en Oceanië (1,9%). Het aandeel van de export in het BBP van regio's: Afrika (21,1%), Europa (17,5%), Azië (17,3%), Oceanië (16,3%) en Amerika (9,8%). De uitvoer per hoofd van de bevolking in regio's: Oceanië ($882,5), Europa ($646,7), Amerika ($397,2), Afrika ($137,0) en Azië ($90,8). De groei van de export in regio's: Azië (7,9%), Amerika (6,4%), Europa (6,1%), Afrika (5,7%) en Oceanië (4,4%).

Leiders. De uitvoer van de wereld in de jaren 1970 bestond uit: Verenigde Staten (13,1%), Duitsland (8,5%), Frankrijk (6,6%), Japan (6,6%), Verenigd Koninkrijk (6,3%), en andere (59,0%). Het aandeel van de export in BBP van de leiders: Verenigd Koninkrijk (26,0%), Frankrijk (19,3%), Duitsland (17,1%), Japan (11,5%) en Verenigde Staten (7,5%). De uitvoer per hoofd in de wereld onder de leiders: Frankrijk ($1.199,1), Verenigd Koninkrijk ($1.094,1), Duitsland ($1.052,2), Verenigde Staten ($586,5) en Japan ($575,8). De groei van de export onder de leiders: Japan (8,6%), Frankrijk (7,8%), Verenigde Staten (6,8%), Duitsland (5,1%) en Verenigd Koninkrijk (5,0%).

de jaren 1980

De waarde van de export in de wereld bedroeg in de jaren 1980 US$2,6 biljoen per jaar.

Het aandeel van de export in het BBP van de wereld was 17,0% in de jaren 1980, en was vergelijkbaar met Oceanië (17,1%).

De uitvoer per hoofd in de wereld was $529,9 in de jaren 1980s, en was vergelijkbaar met Roemenië (US$523,2), de Dominicaanse Republiek (US$536,5).

De groei van de export in de wereld bedroeg 3.8% in de jaren 1980, en was vergelijkbaar met Noord-Europa (3,8%), Vietnam (3,8%), Uruguay (3,8%).

Regio's. De waarde van de export in de wereld in de jaren 1980 bestond uit: Europa (45,6%), Azië (25,4%), Amerika (23,0%), Afrika (4,3%) en Oceanië (1,7%). Het aandeel van de export in het BBP van regio's: Europa (21,5%), Afrika (20,3%), Azië (18,7%), Oceanië (17,1%) en Amerika (10,9%). De uitvoer per hoofd van de bevolking in regio's: Oceanië ($1.779,0), Europa ($1.521,7), Amerika ($890,9), Azië ($229,0) en Afrika ($201,4). De groei van de export in regio's: Amerika (5,1%), Oceanië (4,3%), Azië (4,1%), Europa (4,0%) en Afrika (-0,87%).

Leiders. De uitvoer van de wereld in de jaren 1980 bestond uit: Verenigde Staten (13,2%), Japan (8,2%), Duitsland (8,1%), Frankrijk (6,1%), Verenigd Koninkrijk (6,1%), en andere (58,3%). Het aandeel van de export in BBP van de leiders: Verenigd Koninkrijk (24,8%), Frankrijk (21,4%), Duitsland (21,0%), Japan (11,6%) en Verenigde Staten (8,1%). De uitvoer per hoofd in de wereld onder de leiders: Frankrijk ($2.757,6), Verenigd Koninkrijk ($2.744,8), Duitsland ($2.667,0), Japan ($1.736,5) en Verenigde Staten ($1.413,8). De groei van de export onder de leiders: Japan (6,7%), Verenigde Staten (5,7%), Duitsland (4,7%), Frankrijk (4,0%) en Verenigd Koninkrijk

(3,0%).

de jaren 1990

De waarde van de export in de wereld bedroeg in de jaren 1990 US$5,9 biljoen per jaar.

Het aandeel van de export in het BBP van de wereld was 20,5% in de jaren 1990, en was vergelijkbaar met Eritrea (20,5%), Oceanië (20,4%), Oost-Timor (20,4%).

De uitvoer per hoofd in de wereld was $1.029,5 in de jaren 1990s.

De groei van de export in de wereld bedroeg 6.9% in de jaren 1990, en was vergelijkbaar met Zweden (6,8%).

Regio's. De uitvoer van de wereld in de jaren 1990 bestond uit: Europa (47,2%), Azië (27,0%), Amerika (21,9%), Afrika (2,4%) en Oceanië (1,6%). Het aandeel van de export in het BBP van regio's: Europa (28,3%), Afrika (24,3%), Oceanië (20,4%), Azië (20,4%) en Amerika (12,8%). De uitvoer per hoofd van de bevolking in regio's: Europa ($3.810,5), Oceanië ($3.150,8), Amerika ($1.662,5), Azië ($456,7) en Afrika ($202,1). De groei van de export in regio's: Azië (8,1%), Amerika (7,3%), Oceanië (7,2%), Europa (6,5%) en Afrika (2,5%).

Leiders. De waarde van de export in de wereld in de jaren 1990 bestond uit: Verenigde Staten (13,2%), Duitsland (8,7%), Japan (7,1%), Frankrijk (5,6%), Verenigd Koninkrijk (5,5%), en andere (59,9%). Het aandeel van de export in BBP van de leiders: Verenigd Koninkrijk (24,4%), Duitsland (23,4%), Frankrijk (23,0%), Verenigde Staten (10,2%) en Japan (9,7%). De waarde van de export per hoofd in de wereld onder de leiders: Duitsland ($6.311,2), Verenigd Koninkrijk ($5.602,2), Frankrijk ($5.553,9), Japan ($3.320,8) en Verenigde Staten ($2.925,3). De groei van de export onder de leiders: Verenigde Staten (7,2%), Frankrijk (6,5%), Duitsland (6,0%), Verenigd Koninkrijk (5,7%) en Japan (4,2%).

de jaren 2000

De waarde van de export in de wereld bedroeg in de jaren 2000 US$12,6 biljoen per jaar.

Het aandeel van de export in het BBP van de wereld was 26,9% in de jaren 2000, en was vergelijkbaar met Egypte (26,8%), Frankrijk (27,2%), Monaco (27,2%).

De waarde van de export per hoofd in de wereld was $1.933,7 in de jaren 2000s, en was vergelijkbaar met Dominica (US$1.939,3), Venezuela (US$1.961,5), Wit-Rusland (US$1.888,1).

De groei van de export in de wereld bedroeg 4.8% in de jaren 2000.

Regio's. De uitvoer van de wereld in de jaren 2000 bestond uit: Europa (44,4%), Azië (31,8%), Amerika (19,4%), Afrika (2,9%) en Oceanië (1,5%). Het aandeel van de export in het BBP van regio's: Europa (36,2%), Afrika (32,4%), Azië (31,8%), Oceanië (22,0%) en Amerika (14,6%). De uitvoer per hoofd van de bevolking in regio's: Europa ($7.642,0), Oceanië ($5.498,6), Amerika ($2.781,7), Azië ($1.011,8) en Afrika ($398,4). De groei van de export in regio's: Azië (7,5%), Afrika (5,3%), Europa (3,8%), Oceanië (3,0%) en Amerika (2,9%).

Leiders. De waarde van de export in de wereld in de jaren 2000 bestond uit: Verenigde Staten (10,5%), Duitsland (8,3%), China (6,2%), Japan (5,0%), Verenigd Koninkrijk (4,7%), en andere (65,3%). Het aandeel van de export in BBP van de leiders: Duitsland (37,8%), China (30,1%), Verenigd Koninkrijk (25,5%), Japan (13,4%) en Verenigde Staten (10,5%). De uitvoer per hoofd in de wereld onder de leiders: Duitsland ($12.836,9), Verenigd Koninkrijk ($9.780,7), Japan ($4.886,4), Verenigde Staten ($4.488,4) en China ($588,1). De groei van de export onder de leiders: China (12,7%), Duitsland (5,0%), Japan (3,5%), Verenigde Staten (3,3%) en Verenigd Koninkrijk (2,8%).

de jaren 2010

De uitvoer van de wereld bedroeg in de jaren 2010 US$22,7 biljoen per jaar.

Het aandeel van de export in het BBP van de wereld was 29,2% in de jaren 2010, en was vergelijkbaar met Tsjaad (29,4%), Italië (29,0%), het Verenigd Koninkrijk (29,5%).

De uitvoer per hoofd in de wereld was $3.098,9 in de jaren 2010s, en was vergelijkbaar met Montenegro (US$3,1 duizend).

De groei van de export in de wereld bedroeg 4.4% in de jaren 2010, en was vergelijkbaar met West-Europa (4,3%), Zuid-Europa (4,4%), Oost-Afrika (4,4%).

Regio's. De waarde van de export in de wereld in de jaren 2010 bestond uit: Europa (39,5%), Azië (38,1%), Amerika (18,0%), Afrika (2,7%) en Oceanië (1,7%). Het aandeel van de export in het BBP van regio's: Europa (42,8%), Azië (31,6%), Afrika (27,0%), Oceanië (22,7%) en Amerika (16,1%). De uitvoer per hoofd van de bevolking in regio's: Europa ($12.067,8), Oceanië ($9.599,0), Amerika ($4.197,2), Azië ($1.964,3) en Afrika ($534,3). De groei van de export in regio's: Azië (5,3%), Europa (4,4%), Oceanië (3,9%), Amerika (3,6%) en Afrika (-1,2%).

Leiders. De uitvoer van de wereld in de jaren 2010 bestond uit: China (10,1%), Verenigde Staten (10,0%), Duitsland (7,4%), Japan (3,8%), Verenigd Koninkrijk (3,6%), en andere (65,2%). Het aandeel van de export in BBP van de leiders: Duitsland (46,0%), Verenigd Koninkrijk (29,5%), China (21,8%), Japan (16,4%) en Verenigde Staten (12,6%). De waarde van de export per hoofd in de wereld onder de leiders: Duitsland ($20.563,4), Verenigd Koninkrijk ($12.425,4), Verenigde Staten ($7.104,2), Japan ($6.718,2) en China ($1.635,3). De groei van de export onder de leiders: China (6,8%), Duitsland (4,7%), Japan (4,6%), Verenigde Staten (3,7%) en Verenigd Koninkrijk (3,1%).

Hoofdstuk XI. Invoer

Invoer van goederen en diensten

De waarde van de invoer in de wereld steeg van US$986,7 miljard per jaar in de jaren 1970 tot US$22,1 biljoen per jaar in de jaren 2010, dat wil zeggen met US$21,1 biljoen of 22,4 keer. De verandering vond plaats op US$14,5 biljoen als gevolg van een 2,9-voudige stijging van de prijzen, en ook op US$5,8 biljoen als gevolg van een 4,2-voudige toename van het tarief per hoofd , evenals op US$805,6 miljard als gevolg van de toename van de bevolking. De gemiddelde jaarlijkse groei van de invoer is 5,2%. De minimumwaarde van de invoer bedroeg US$386,0 miljard in 1970. De maximumwaarde van de invoer bedroeg US$24,6 biljoen in 2018.

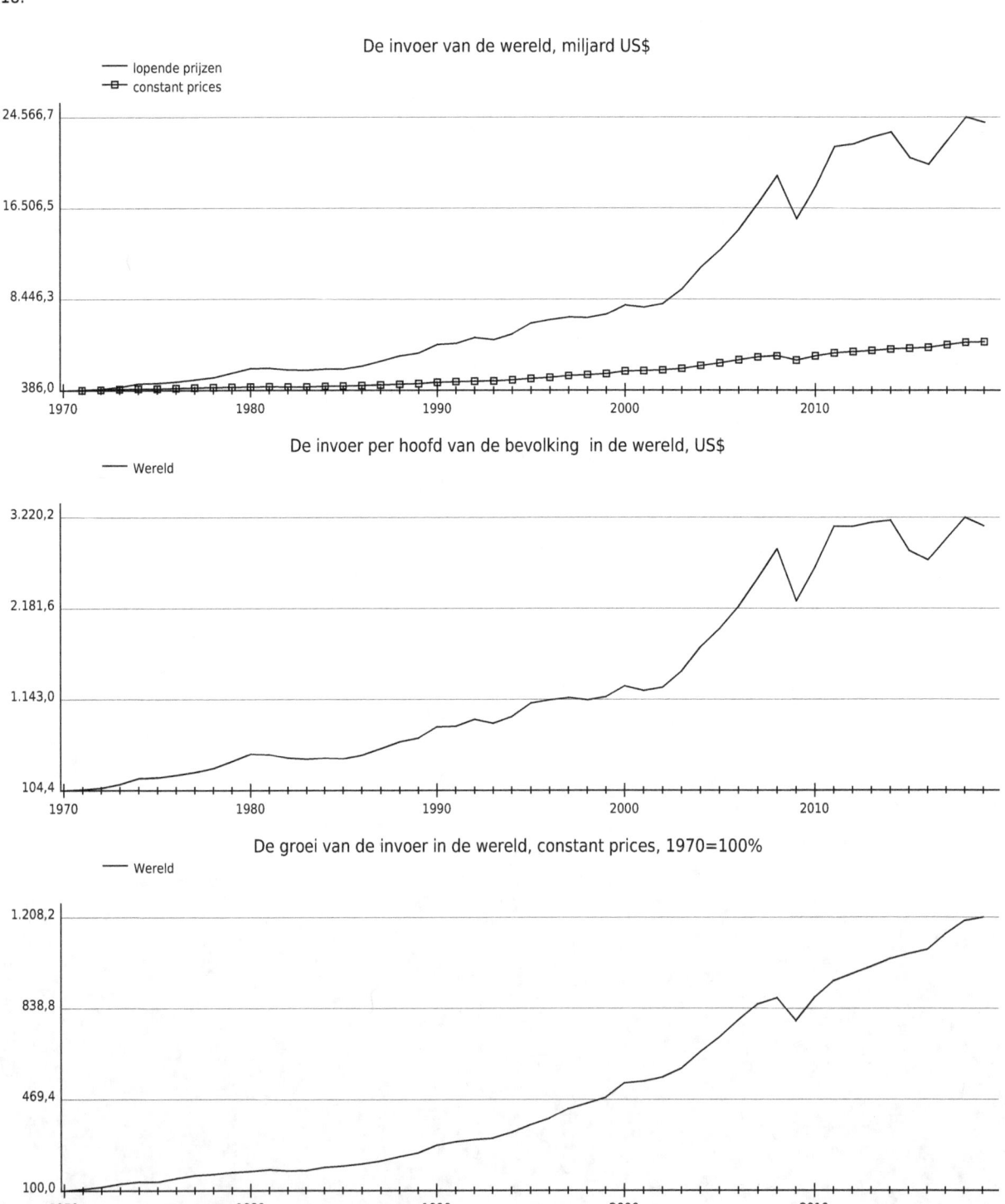

De invoer van de wereld, miljard US$

De invoer per hoofd van de bevolking in de wereld, US$

De groei van de invoer in de wereld, constant prices, 1970=100%

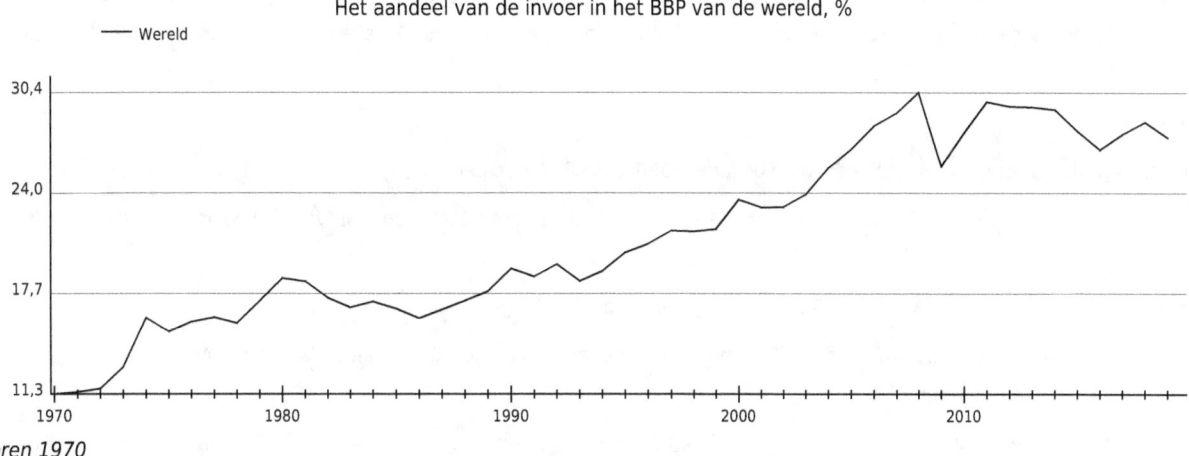

Het aandeel van de invoer in het BBP van de wereld, %

de jaren 1970

De waarde van de invoer in de wereld bedroeg in de jaren 1970 US$986,7 miljard per jaar.

Het aandeel van de invoer in het BBP van de wereld was 15,1% in de jaren 1970, en was vergelijkbaar met Azië (15,2%).

De waarde van de invoer per hoofd in de wereld was $244,3 in de jaren 1970s, en was vergelijkbaar met Saint Vincent en de Grenadines (US$246,4), de Maldiven (US$242,1), Tunesië (US$250,1).

De groei van de invoer in de wereld bedroeg 6.3% in de jaren 1970, en was vergelijkbaar met Saint Kitts en Nevis (6,3%).

Regio's. De invoer van de wereld in de jaren 1970 bestond uit: Europa (49,4%), Amerika (23,9%), Azië (18,7%), Afrika (5,9%) en Oceanië (2,0%). Het aandeel van de invoer in het BBP van regio's: Afrika (22,0%), Europa (18,2%), Oceanië (16,9%), Azië (15,2%) en Amerika (10,4%). De invoer per hoofd van de bevolking in regio's: Oceanië ($913,9), Europa ($672,3), Amerika ($421,7), Afrika ($142,6) en Azië ($79,6). De groei van de invoer in regio's: Azië (9,6%), Afrika (6,7%), Amerika (5,4%), Europa (5,4%) en Oceanië (2,8%).

Leiders. De waarde van de invoer in de wereld in de jaren 1970 bestond uit: Verenigde Staten (13,5%), Duitsland (9,4%), Frankrijk (6,4%), Verenigd Koninkrijk (6,3%), Japan (6,2%), en andere (58,2%). Het aandeel van de invoer in BBP van de leiders: Verenigd Koninkrijk (26,4%), Duitsland (19,1%), Frankrijk (19,0%), Japan (10,9%) en Verenigde Staten (7,8%). De invoer per hoofd in de wereld onder de leiders: Frankrijk ($1.181,1), Duitsland ($1.175,1), Verenigd Koninkrijk ($1.113,2), Verenigde Staten ($610,4) en Japan ($547,6). De groei van de invoer onder de leiders: Frankrijk (7,2%), Japan (7,0%), Duitsland (5,6%), Verenigde Staten (5,1%) en Verenigd Koninkrijk (4,5%).

de jaren 1980

De waarde van de invoer in de wereld bedroeg in de jaren 1980 US$2,6 biljoen per jaar.

Het aandeel van de invoer in het BBP van de wereld was 17,3% in de jaren 1980, en was vergelijkbaar met Ethiopië (17,3%), Azië (17,3%).

De invoer per hoofd in de wereld was $539,1 in de jaren 1980s, en was vergelijkbaar met Papoea-Nieuw-Guinea (US$532,2), Uruguay (US$528,5), Jamaica (US$549,7).

De groei van de invoer in de wereld bedroeg 3.8% in de jaren 1980, en was vergelijkbaar met Vietnam (3,8%), West-Europa (3,8%), Cuba (3,8%).

Regio's. De waarde van de invoer in de wereld in de jaren 1980 bestond uit: Europa (45,7%), Amerika (25,0%), Azië (23,1%), Afrika (4,3%) en Oceanië (1,9%). Het aandeel van de invoer in het BBP van regio's: Europa (21,9%), Afrika (20,9%), Oceanië (19,1%), Azië (17,3%) en Amerika (12,1%). De invoer per hoofd van de bevolking in regio's: Oceanië ($1.987,8), Europa ($1.550,8), Amerika ($984,9), Azië ($211,9) en Afrika ($208,0). De groei van de invoer in regio's: Oceanië (5,7%), Azië (4,9%), Europa (4,1%), Amerika (3,8%) en Afrika (-3,1%).

Leiders. De invoer van de wereld in de jaren 1980 bestond uit: Verenigde Staten (16,0%), Duitsland (8,7%), Japan (6,8%), Frankrijk (6,2%), Verenigd Koninkrijk (6,1%), en andere (56,3%). Het aandeel van de invoer in BBP van de leiders: Verenigd Koninkrijk (25,3%), Duitsland (22,8%), Frankrijk (22,2%), Verenigde Staten (10,0%) en Japan (9,7%). De invoer per hoofd in de wereld onder de leiders:

Duitsland ($2.891,9), Frankrijk ($2.867,2), Verenigd Koninkrijk ($2.793,0), Verenigde Staten ($1.742,4) en Japan ($1.450,4). De groei van de invoer onder de leiders: Verenigde Staten (5,8%), Verenigd Koninkrijk (5,1%), Japan (4,6%), Frankrijk (4,3%) en Duitsland (3,3%).

de jaren 1990

De waarde van de invoer in de wereld bedroeg in de jaren 1990 US$5,8 biljoen per jaar.

Het aandeel van de invoer in het BBP van de wereld was 20,2% in de jaren 1990, en was vergelijkbaar met Australazië (20,2%), West-Afrika (20,4%).

De invoer per hoofd in de wereld was $1.015,5 in de jaren 1990s, en was vergelijkbaar met Kosovo (US$1.020,0).

De groei van de invoer in de wereld bedroeg 6.6% in de jaren 1990, en was vergelijkbaar met de Verenigde Arabische Emiraten (6,6%), Australazië (6,6%), Bangladesh (6,6%).

Regio's. De waarde van de invoer in de wereld in de jaren 1990 bestond uit: Europa (45,9%), Azië (25,7%), Amerika (24,2%), Afrika (2,6%) en Oceanië (1,6%). Het aandeel van de invoer in het BBP van regio's: Europa (27,1%), Afrika (25,4%), Oceanië (21,0%), Azië (19,2%) en Amerika (14,0%). De invoer per hoofd van de bevolking in regio's: Europa ($3.655,2), Oceanië ($3.244,3), Amerika ($1.812,7), Azië ($430,1) en Afrika ($211,4). De groei van de invoer in regio's: Amerika (8,2%), Azië (6,8%), Oceanië (6,2%), Europa (5,9%) en Afrika (3,8%).

Leiders. De waarde van de invoer in de wereld in de jaren 1990 bestond uit: Verenigde Staten (15,1%), Duitsland (8,7%), Japan (6,1%), Verenigd Koninkrijk (5,7%), Frankrijk (5,3%), en andere (59,0%). Het aandeel van de invoer in BBP van de leiders: Verenigd Koninkrijk (24,9%), Duitsland (23,0%), Frankrijk (21,6%), Verenigde Staten (11,5%) en Japan (8,2%). De invoer per hoofd in de wereld onder de leiders: Duitsland ($6.220,3), Verenigd Koninkrijk ($5.705,3), Frankrijk ($5.194,4), Verenigde Staten ($3.305,6) en Japan ($2.822,9). De groei van de invoer onder de leiders: Verenigde Staten (8,3%), Duitsland (6,4%), Frankrijk (5,1%), Verenigd Koninkrijk (5,1%) en Japan (3,3%).

de jaren 2000

De invoer van de wereld bedroeg in de jaren 2000 US$12,4 biljoen per jaar.

Het aandeel van de invoer in het BBP van de wereld was 26,5% in de jaren 2000, en was vergelijkbaar met Algerije (26,3%), Brunei (26,7%).

De invoer per hoofd in de wereld was $1.899,9 in de jaren 2000s, en was vergelijkbaar met Swaziland (US$1.897,8), Jordanië (US$1.910,3), Bosnië en Herzegovina (US$1.941,6).

De groei van de invoer in de wereld bedroeg 5.1% in de jaren 2000, en was vergelijkbaar met Kaapverdië (5,1%), Noord-Korea (5,2%), Estland (5,2%).

Regio's. De waarde van de invoer in de wereld in de jaren 2000 bestond uit: Europa (43,1%), Azië (28,7%), Amerika (23,9%), Afrika (2,7%) en Oceanië (1,6%). Het aandeel van de invoer in het BBP van regio's: Europa (34,5%), Afrika (30,1%), Azië (28,2%) en Oceanië (23,4%) en Amerika (17,6%). De invoer per hoofd van de bevolking in regio's: Europa ($7.287,7), Oceanië ($5.844,4), Amerika ($3.354,4), Azië ($898,2) en Afrika ($369,3). De groei van de invoer in regio's: Azië (7,8%), Afrika (7,6%), Oceanië (6,6%), Europa (4,0%) en Amerika (3,5%).

Leiders. De invoer van de wereld in de jaren 2000 bestond uit: Verenigde Staten (15,2%), Duitsland (7,4%), Verenigd Koninkrijk (5,2%), China (5,2%), Japan (4,6%), en andere (62,4%). Het aandeel van de invoer in BBP van de leiders: Duitsland (33,1%), Verenigd Koninkrijk (27,7%), China (24,7%), Verenigde Staten (14,9%) en Japan (12,1%). De waarde van de invoer per hoofd in de wereld onder de leiders: Duitsland ($11.237,8), Verenigd Koninkrijk ($10.620,4), Verenigde Staten ($6.400,9), Japan ($4.418,9) en China ($483,3). De groei van de invoer onder de leiders: China (15,1%), Duitsland (3,7%), Verenigd Koninkrijk (3,1%), Verenigde Staten (2,8%) en Japan (1,8%).

de jaren 2010

De waarde van de invoer in de wereld bedroeg in de jaren 2010 US$22,1 biljoen per jaar.

Het aandeel van de invoer in het BBP van de wereld was 28,4% in de jaren 2010, en was vergelijkbaar met Turkije (28,4%).

De waarde van de invoer per hoofd in de wereld was $3.015,6 in de jaren 2010s, en was vergelijkbaar met Fiji (US$3,0 duizend), Namibië (US$3,0 duizend), Micronesië (US$3,1 duizend).

De groei van de invoer in de wereld bedroeg 4.4% in de jaren 2010, en was vergelijkbaar met Thailand (4,4%), Guatemala (4,4%), de Verenigde Staten (4,4%).

Regio's. De waarde van de invoer in de wereld in de jaren 2010 bestond uit: Europa (37,5%), Azië (36,1%), Amerika (21,5%), Afrika (3,1%) en Oceanië (1,7%). Het aandeel van de invoer in het BBP van regio's: Europa (39,6%), Afrika (29,9%), Azië (29,2%), Oceanië (22,6%) en Amerika (18,7%). De invoer per hoofd van de bevolking in regio's: Europa ($11.149,4), Oceanië ($9.570,0), Amerika ($4.884,3), Azië ($1.813,7) en Afrika ($592,1). De groei van de invoer in regio's: Oceanië (5,7%), Azië (5,4%), Europa (4,3%), Amerika (3,3%) en Afrika (2,0%).

Leiders. De waarde van de invoer in de wereld in de jaren 2010 bestond uit: Verenigde Staten (12,7%), China (9,4%), Duitsland (6,6%), Japan (4,0%), Verenigd Koninkrijk (3,9%), en andere (63,5%). Het aandeel van de invoer in BBP van de leiders: Duitsland (39,7%), Verenigd Koninkrijk (30,9%), China (19,7%), Japan (16,8%) en Verenigde Staten (15,7%). De waarde van de invoer per hoofd in de wereld onder de leiders: Duitsland ($17.771,2), Verenigd Koninkrijk ($13.030,6), Verenigde Staten ($8.817,8), Japan ($6.862,7) en China ($1.475,4). De groei van de invoer onder de leiders: China (8,2%), Duitsland (4,8%), Verenigde Staten (4,4%), Japan (3,8%) en Verenigd Koninkrijk (3,6%).

Part IV. Verbruik

Hoofdstuk XII. Overheidsuitgaven

Consumptie-uitgaven van de overheid

De overheidsuitgaven van de wereld steeg van US$1,1 biljoen per jaar in de jaren 1970 tot US$13,1 biljoen per jaar in de jaren 2010, dat wil zeggen met US$12,0 biljoen of 12,2 keer. De verandering vond plaats op US$10,1 biljoen als gevolg van een 4,3-voudige stijging van de prijzen, en ook op US$1,1 biljoen als gevolg van een 1,6-voudige toename van het tarief per hoofd , evenals op US$874,3 miljard als gevolg van de toename van de bevolking. De gemiddelde jaarlijkse groei van de overheidsuitgaven is 2,7%. De minimumwaarde van de overheidsuitgaven bedroeg US$531,4 miljard in 1970. De maximumwaarde van de overheidsuitgaven bedroeg US$14,5 biljoen in 2019.

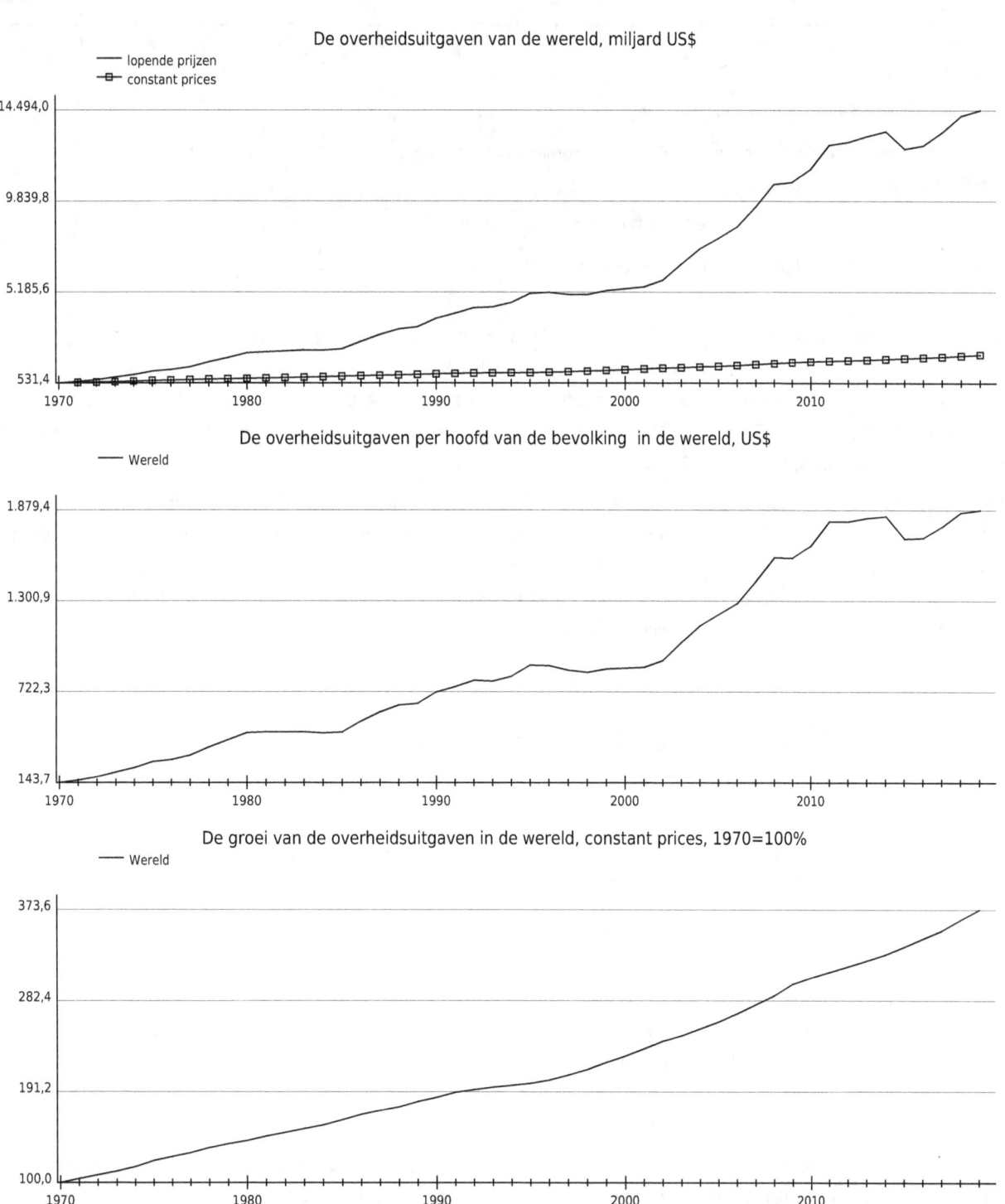

De overheidsuitgaven van de wereld, miljard US$

De overheidsuitgaven per hoofd van de bevolking in de wereld, US$

De groei van de overheidsuitgaven in de wereld, constant prices, 1970=100%

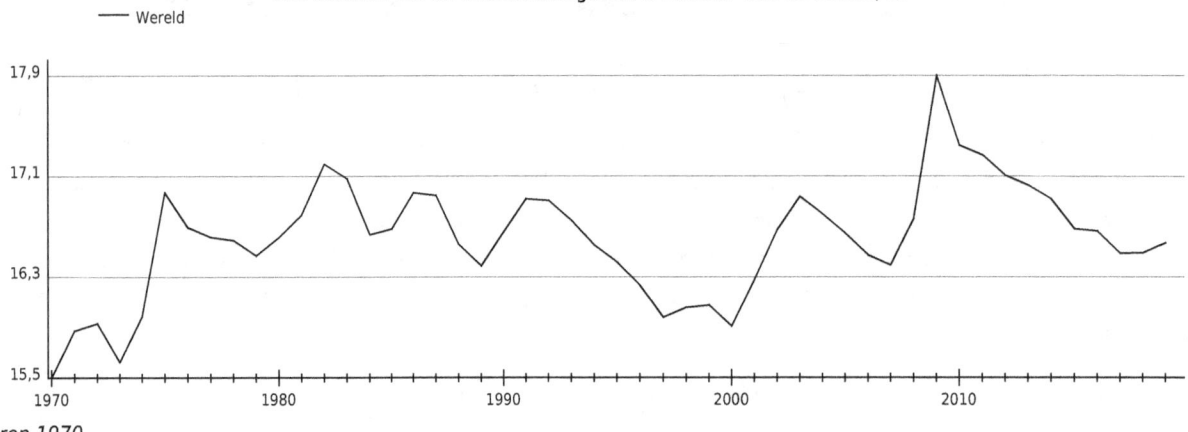

Het aandeel van de overheidsuitgaven in het BBP van de wereld, %

— Wereld

de jaren 1970

De overheidsuitgaven van de wereld bedroeg in de jaren 1970 US$1,1 biljoen per jaar.

Het aandeel van de overheidsuitgaven in het BBP van de wereld was 16,4% in de jaren 1970, en was vergelijkbaar met IJsland (16,2%), Oostenrijk (16,5%), Ivoorkust (16,2%).

De overheidsuitgaven per hoofd in de wereld was $265,2 in de jaren 1970s.

De groei van de overheidsuitgaven in de wereld bedroeg 3.7% in de jaren 1970, en was vergelijkbaar met Polynesië (3,7%), de Nederland (3,7%).

Regio's. De overheidsuitgaven van de wereld in de jaren 1970 bestond uit: Europa (46,0%), Amerika (34,3%), Azië (14,9%), Afrika (3,0%) en Oceanië (1,8%). Het aandeel van de overheidsuitgaven in het BBP van regio's: Europa (18,4%), Oceanië (17,1%), Amerika (16,2%), Azië (13,1%) en Afrika (11,9%). De overheidsuitgaven per hoofd van de bevolking in regio's: Oceanië ($920,9), Europa ($678,9), Amerika ($655,5), Afrika ($77,1) en Azië ($68,9). De groei van de overheidsuitgaven in regio's: Azië (6,9%), Afrika (4,9%), Europa (4,5%), Oceanië (3,9%) en Amerika (2,1%).

Leiders. De overheidsuitgaven van de wereld in de jaren 1970 bestond uit: Verenigde Staten (26,7%), Sovjet-Unie (11,0%), Duitsland (8,9%), Japan (7,3%), Frankrijk (6,0%), en andere (40,1%). Het aandeel van de overheidsuitgaven in BBP van de leiders: Duitsland (19,7%), Frankrijk (19,3%), Sovjet-Unie (18,1%), Verenigde Staten (16,7%) en Japan (14,0%). De overheidsuitgaven per hoofd in de wereld onder de leiders: Verenigde Staten ($1.310,2), Duitsland ($1.213,7), Frankrijk ($1.202,3), Japan ($700,2) en Sovjet-Unie ($465,0). De groei van de overheidsuitgaven onder de leiders: Sovjet-Unie (7,2%), Japan (5,3%), Frankrijk (5,0%), Duitsland (4,4%) en Verenigde Staten (0,94%).

de jaren 1980

De overheidsuitgaven van de wereld bedroeg in de jaren 1980 US$2,5 biljoen per jaar.

Het aandeel van de overheidsuitgaven in het BBP van de wereld was 16,8% in de jaren 1980, en was vergelijkbaar met Montserrat (16,9%).

De overheidsuitgaven per hoofd in de wereld was $523,5 in de jaren 1980s, en was vergelijkbaar met Hongarije (US$524,3), Hongkong (US$515,8), Portugal (US$514,5).

De groei van de overheidsuitgaven in de wereld bedroeg 2.7% in de jaren 1980, en was vergelijkbaar met Monaco (2,7%), de Nederland (2,7%).

Regio's. De overheidsuitgaven van de wereld in de jaren 1980 bestond uit: Europa (42,6%), Amerika (33,7%), Azië (19,1%), Afrika (2,7%) en Oceanië (1,9%). Het aandeel van de overheidsuitgaven in het BBP van regio's: Europa (19,9%), Oceanië (18,4%), Amerika (15,8%), Azië (13,9%) en Afrika (12,9%). De overheidsuitgaven per hoofd van de bevolking in regio's: Oceanië ($1.914,7), Europa ($1.404,9), Amerika ($1.287,2), Azië ($170,1) en Afrika ($128,3). De groei van de overheidsuitgaven in regio's: Azië (4,2%), Oceanië (3,4%), Amerika (2,5%), Europa (2,3%) en Afrika (1,8%).

Leiders. De overheidsuitgaven van de wereld in de jaren 1980 bestond uit: Verenigde Staten (26,3%), Japan (10,2%), Duitsland (8,1%), Sovjet-Unie (7,2%), Frankrijk (6,3%), en andere (42,0%). Het aandeel van de overheidsuitgaven in BBP van de leiders: Frankrijk

(21,9%), Duitsland (20,6%), Sovjet-Unie (20,4%), Verenigde Staten (15,9%) en Japan (14,2%). De overheidsuitgaven per hoofd in de wereld onder de leiders: Frankrijk ($2.826,9), Verenigde Staten ($2.778,2), Duitsland ($2.611,1), Japan ($2.122,5) en Sovjet-Unie ($658,0). De groei van de overheidsuitgaven onder de leiders: Sovjet-Unie (5,4%), Japan (3,5%), Frankrijk (2,8%), Verenigde Staten (2,6%) en Duitsland (0,98%).

de jaren 1990

De overheidsuitgaven van de wereld bedroeg in de jaren 1990 US$4,7 biljoen per jaar.

Het aandeel van de overheidsuitgaven in het BBP van de wereld was 16,4% in de jaren 1990.

De overheidsuitgaven per hoofd in de wereld was $824,8 in de jaren 1990s, en was vergelijkbaar met Slowakije (US$819,3), Tuvalu (US$844,1).

De groei van de overheidsuitgaven in de wereld bedroeg 2% in de jaren 1990, en was vergelijkbaar met de Federale Staten van Micronesië (2,0%).

Regio's. De overheidsuitgaven van de wereld in de jaren 1990 bestond uit: Europa (40,5%), Amerika (32,4%), Azië (23,5%), Afrika (1,9%) en Oceanië (1,7%). Het aandeel van de overheidsuitgaven in het BBP van regio's: Europa (19,5%), Oceanië (18,3%), Amerika (15,2%), Afrika (15,1%) en Azië (14,2%). De overheidsuitgaven per hoofd van de bevolking in regio's: Oceanië ($2.816,0), Europa ($2.620,7), Amerika ($1.972,7), Azië ($318,7) en Afrika ($126,1). De groei van de overheidsuitgaven in regio's: Azië (5,0%), Oceanië (2,8%), Afrika (1,6%), Europa (1,3%) en Amerika (1,1%).

Leiders. De overheidsuitgaven van de wereld in de jaren 1990 bestond uit: Verenigde Staten (24,1%), Japan (13,9%), Duitsland (8,9%), Frankrijk (6,9%), Verenigd Koninkrijk (5,0%), en andere (41,2%). Het aandeel van de overheidsuitgaven in BBP van de leiders: Frankrijk (22,7%), Duitsland (19,3%), Verenigd Koninkrijk (17,7%), Japan (15,1%) en Verenigde Staten (15,0%). De overheidsuitgaven per hoofd in de wereld onder de leiders: Frankrijk ($5.479,6), Duitsland ($5.203,8), Japan ($5.169,1), Verenigde Staten ($4.287,3) en Verenigd Koninkrijk ($4.053,6). De groei van de overheidsuitgaven onder de leiders: Japan (3,0%), Duitsland (2,4%), Verenigd Koninkrijk (2,1%), Frankrijk (1,8%) en Verenigde Staten (1,3%).

de jaren 2000

De overheidsuitgaven van de wereld bedroeg in de jaren 2000 US$7,8 biljoen per jaar.

Het aandeel van de overheidsuitgaven in het BBP van de wereld was 16,7% in de jaren 2000, en was vergelijkbaar met Mauritanië (16,7%), Tunesië (16,7%), Fiji (16,8%).

De overheidsuitgaven per hoofd in de wereld was $1.200,9 in de jaren 2000s, en was vergelijkbaar met Zuidwest-Azië (US$1.199,4), de Federale Staten van Micronesië (US$1.207,5).

De groei van de overheidsuitgaven in de wereld bedroeg 3.1% in de jaren 2000, en was vergelijkbaar met Australië (3,1%), Antigua en Barbuda (3,1%), Slovenië (3,1%).

Regio's. De overheidsuitgaven van de wereld in de jaren 2000 bestond uit: Europa (39,0%), Amerika (33,0%), Azië (24,2%), Afrika (1,9%) en Oceanië (1,9%). Het aandeel van de overheidsuitgaven in het BBP van regio's: Europa (19,8%), Oceanië (17,8%), Amerika (15,4%), Azië (15,0%) en Afrika (13,4%). De overheidsuitgaven per hoofd van de bevolking in regio's: Oceanië ($4.445,7), Europa ($4.171,1), Amerika ($2.931,6), Azië ($477,4) en Afrika ($164,8). De groei van de overheidsuitgaven in regio's: Azië (5,3%), Afrika (5,0%), Oceanië (3,1%), Amerika (2,4%) en Europa (2,1%).

Leiders. De overheidsuitgaven van de wereld in de jaren 2000 bestond uit: Verenigde Staten (24,6%), Japan (10,8%), Duitsland (6,7%), Frankrijk (6,1%), Verenigd Koninkrijk (5,8%), en andere (45,9%). Het aandeel van de overheidsuitgaven in BBP van de leiders: Frankrijk (22,9%), Verenigd Koninkrijk (19,5%), Duitsland (18,8%), Japan (18,1%) en Verenigde Staten (15,3%). De overheidsuitgaven per hoofd in de wereld onder de leiders: Frankrijk ($7.640,9), Verenigd Koninkrijk ($7.501,5), Japan ($6.586,4), Verenigde Staten ($6.545,9) en Duitsland ($6.389,7). De groei van de overheidsuitgaven onder de leiders: Verenigd Koninkrijk (2,9%), Verenigde Staten (2,2%), Japan (1,7%), Frankrijk (1,7%) en Duitsland (1,4%).

de jaren 2010

De overheidsuitgaven van de wereld bedroeg in de jaren 2010 US$13,1 biljoen per jaar.

Het aandeel van de overheidsuitgaven in het BBP van de wereld was 16,8% in de jaren 2010, en was vergelijkbaar met Oost-Azië

(16,9%), Luxemburg (16,8%), Guyana (16,7%).

De overheidsuitgaven per hoofd in de wereld was $1.785,1 in de jaren 2010s.

De groei van de overheidsuitgaven in de wereld bedroeg 2.3% in de jaren 2010, en was vergelijkbaar met Swaziland (2,3%), Centraal-Afrika (2,3%).

Regio's. De overheidsuitgaven van de wereld in de jaren 2010 bestond uit: Azië (32,7%), Europa (32,4%), Amerika (30,0%), Afrika (2,5%) en Oceanië (2,4%). Het aandeel van de overheidsuitgaven in het BBP van regio's: Europa (20,2%), Oceanië (18,6%), Azië (15,6%), Amerika (15,4%) en Afrika (14,2%). De overheidsuitgaven per hoofd van de bevolking in regio's: Oceanië ($7.863,2), Europa ($5.705,5), Amerika ($4.034,3), Azië ($970,7) en Afrika ($281,0). De groei van de overheidsuitgaven in regio's: Azië (5,2%), Oceanië (3,3%), Afrika (3,0%), Europa (0,99%) en Amerika (0,45%).

Leiders. De overheidsuitgaven van de wereld in de jaren 2010 bestond uit: Verenigde Staten (20,3%), China (12,8%), Japan (8,0%), Duitsland (5,5%), Frankrijk (4,9%), en andere (48,6%). Het aandeel van de overheidsuitgaven in BBP van de leiders: Frankrijk (23,7%), Japan (19,9%), Duitsland (19,7%), China (16,0%) en Verenigde Staten (14,8%). De overheidsuitgaven per hoofd in de wereld onder de leiders: Frankrijk ($9.617,6), Duitsland ($8.815,0), Verenigde Staten ($8.304,9), Japan ($8.152,8) en China ($1.197,3). De groei van de overheidsuitgaven onder de leiders: China (8,3%), Duitsland (1,9%), Japan (1,3%), Frankrijk (1,3%) en Verenigde Staten (0,0052%).

Hoofdstuk XIII. Huishoudelijke uitgaven

Consumptieve bestedingen van de huishoudens

De huishoudelijke uitgaven van de wereld steeg van US$3,7 biljoen per jaar in de jaren 1970 tot US$44,1 biljoen per jaar in de jaren 2010, dat wil zeggen met US$40,5 biljoen of 12,0 keer. De verandering vond plaats op US$31,7 biljoen als gevolg van een 3,5-voudige stijging van de prijzen, en ook op US$5,7 biljoen als gevolg van een 1,9-voudige toename van het tarief per hoofd , evenals op US$3,0 biljoen als gevolg van de toename van de bevolking. De gemiddelde jaarlijkse groei van de huishoudelijke uitgaven is 3,2%. De minimumwaarde van de huishoudelijke uitgaven bedroeg US$2,0 biljoen in 1970. De maximumwaarde van de huishoudelijke uitgaven bedroeg US$49,5 biljoen in 2019.

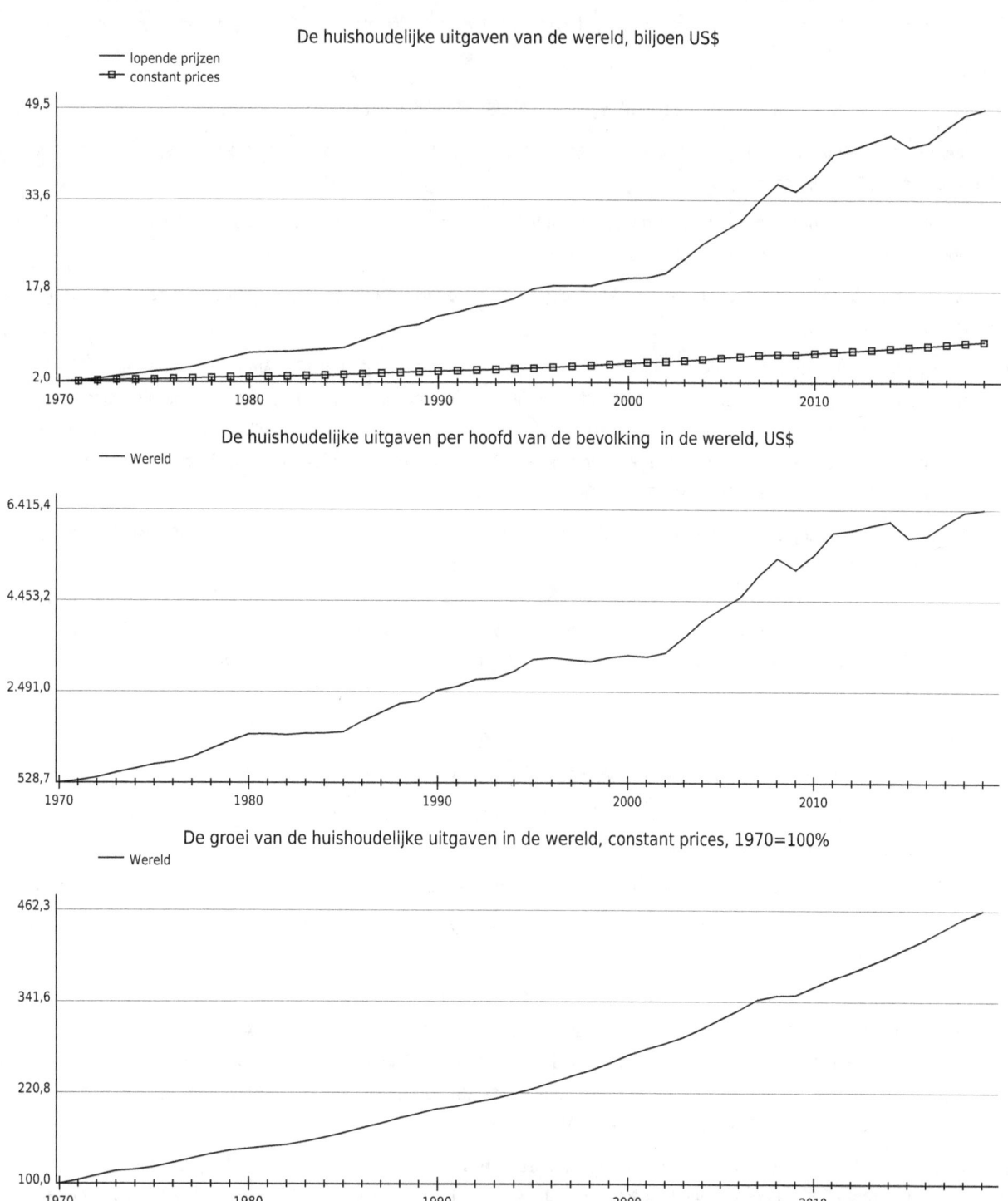

De huishoudelijke uitgaven van de wereld, biljoen US$

De huishoudelijke uitgaven per hoofd van de bevolking in de wereld, US$

De groei van de huishoudelijke uitgaven in de wereld, constant prices, 1970=100%

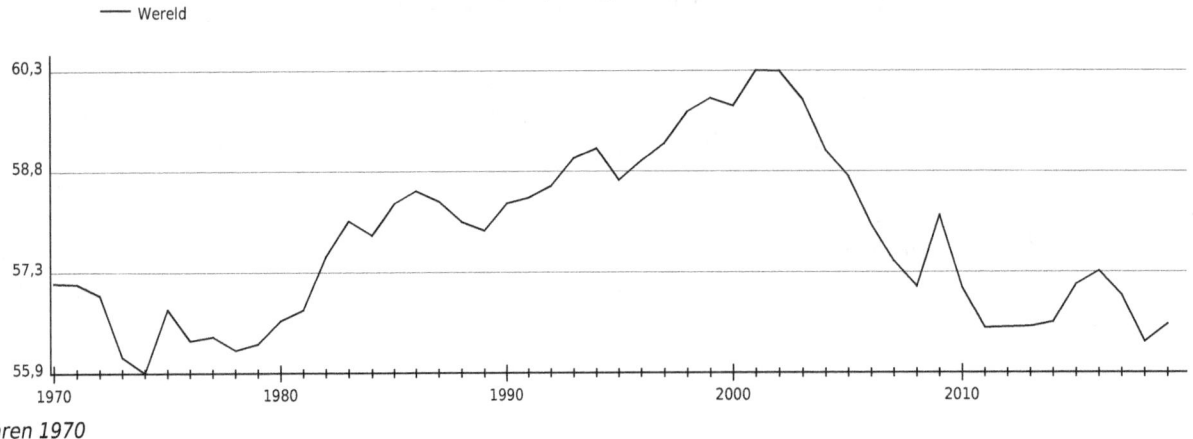

Het aandeel van de huishoudelijke uitgaven in het BBP van de wereld, %

de jaren 1970

De huishoudelijke uitgaven van de wereld bedroeg in de jaren 1970 US$3,7 biljoen per jaar.

Het aandeel van de huishoudelijke uitgaven in het BBP van de wereld was 56,4% in de jaren 1970, en was vergelijkbaar met IJsland (56,4%), Australazië (56,4%), Oceanië (56,3%).

De huishoudelijke uitgaven per hoofd in de wereld was $914,8 in de jaren 1970s, en was vergelijkbaar met Zuidwest-Azië (US$917,3), Tsjecho-Slowakije (US$909,5), Polen (US$909,5).

De groei van de huishoudelijke uitgaven in de wereld bedroeg 4.1% in de jaren 1970, en was vergelijkbaar met Zuid-Europa (4,1%), Panama (4,1%), Marokko (4,1%).

Regio's. De huishoudelijke uitgaven van de wereld in de jaren 1970 bestond uit: Europa (40,1%), Amerika (37,4%), Azië (17,8%), Afrika (3,0%) en Oceanië (1,8%). Het aandeel van de huishoudelijke uitgaven in het BBP van regio's: Amerika (61,0%), Oceanië (56,3%), Europa (55,3%), Azië (53,8%) en Afrika (41,8%). De huishoudelijke uitgaven per hoofd van de bevolking in regio's: Oceanië ($3.038,8), Amerika ($2.467,5), Europa ($2.041,4), Azië ($282,4) en Afrika ($271,0). De groei van de huishoudelijke uitgaven in regio's: Azië (5,2%), Amerika (4,1%), Afrika (4,1%), Europa (3,7%) en Oceanië (3,1%).

Leiders. De huishoudelijke uitgaven van de wereld in de jaren 1970 bestond uit: Verenigde Staten (28,0%), Sovjet-Unie (8,4%), Japan (7,6%), Duitsland (7,5%), Frankrijk (4,9%), en andere (43,5%). Het aandeel van de huishoudelijke uitgaven in BBP van de leiders: Verenigde Staten (60,5%), Duitsland (57,4%), Frankrijk (54,2%), Japan (50,3%) en Sovjet-Unie (47,8%). De huishoudelijke uitgaven per hoofd in de wereld onder de leiders: Verenigde Staten ($4.744,5), Duitsland ($3.527,2), Frankrijk ($3.371,0), Japan ($2.523,0) en Sovjet-Unie ($1.231,6). De groei van de huishoudelijke uitgaven onder de leiders: Japan (5,1%), Sovjet-Unie (4,7%), Frankrijk (4,0%), Verenigde Staten (3,6%) en Duitsland (3,6%).

de jaren 1980

De huishoudelijke uitgaven van de wereld bedroeg in de jaren 1980 US$8,7 biljoen per jaar.

Het aandeel van de huishoudelijke uitgaven in het BBP van de wereld was 57,9% in de jaren 1980, en was vergelijkbaar met Centraal-Afrika (57,7%), Nieuw-Zeeland (57,6%), Duitsland (58,1%).

De huishoudelijke uitgaven per hoofd in de wereld was $1.808,0 in de jaren 1980s, en was vergelijkbaar met Mexico (US$1.852,2).

De groei van de huishoudelijke uitgaven in de wereld bedroeg 3% in de jaren 1980, en was vergelijkbaar met Syrië (3,0%), Bermuda (3,0%), Jamaica (3,0%).

Regio's. De huishoudelijke uitgaven van de wereld in de jaren 1980 bestond uit: Amerika (38,6%), Europa (35,1%), Azië (21,6%), Afrika (3,1%) en Oceanië (1,7%). Het aandeel van de huishoudelijke uitgaven in het BBP van regio's: Amerika (62,3%), Europa (56,5%), Oceanië (56,2%), Azië (54,5%) en Afrika (50,1%). De huishoudelijke uitgaven per hoofd van de bevolking in regio's: Oceanië ($5.842,6), Amerika ($5.090,2), Europa ($3.991,1), Azië ($666,0) en Afrika ($497,8). De groei van de huishoudelijke uitgaven in regio's: Azië (4,7%), Oceanië (3,1%), Amerika (2,9%), Europa (2,3%) en Afrika (2,3%).

Leiders. De huishoudelijke uitgaven van de wereld in de jaren 1980 bestond uit: Verenigde Staten (29,9%), Japan (10,8%), Duitsland (6,6%), Sovjet-Unie (4,9%), Verenigd Koninkrijk (4,8%), en andere (43,1%). Het aandeel van de huishoudelijke uitgaven in BBP van de leiders: Verenigd Koninkrijk (66,7%), Verenigde Staten (62,6%), Duitsland (58,1%), Japan (52,1%) en Sovjet-Unie (47,9%). De huishoudelijke uitgaven per hoofd in de wereld onder de leiders: Verenigde Staten ($10.904,4), Japan ($7.796,6), Duitsland ($7.378,3), Verenigd Koninkrijk ($7.376,3) en Sovjet-Unie ($1.542,8). De groei van de huishoudelijke uitgaven onder de leiders: Japan (3,7%), Verenigd Koninkrijk (3,5%), Verenigde Staten (3,2%), Sovjet-Unie (3,0%) en Duitsland (1,8%).

de jaren 1990

De huishoudelijke uitgaven van de wereld bedroeg in de jaren 1990 US$16,9 biljoen per jaar.

Het aandeel van de huishoudelijke uitgaven in het BBP van de wereld was 59,0% in de jaren 1990, en was vergelijkbaar met Italië (59,0%), Nieuw-Zeeland (58,9%), Antigua en Barbuda (59,3%).

De huishoudelijke uitgaven per hoofd in de wereld was $2.963,9 in de jaren 1990s.

De groei van de huishoudelijke uitgaven in de wereld bedroeg 3% in de jaren 1990, en was vergelijkbaar met Tsjaad (3,0%).

Regio's. De huishoudelijke uitgaven van de wereld in de jaren 1990 bestond uit: Amerika (38,3%), Europa (33,1%), Azië (24,8%), Afrika (2,2%) en Oceanië (1,5%). Het aandeel van de huishoudelijke uitgaven in het BBP van regio's: Amerika (64,6%), Afrika (63,9%), Oceanië (57,9%), Europa (57,2%) en Azië (53,8%). De huishoudelijke uitgaven per hoofd van de bevolking in regio's: Oceanië ($8.928,2), Amerika ($8.394,4), Europa ($7.702,2), Azië ($1.208,2) en Afrika ($532,7). De groei van de huishoudelijke uitgaven in regio's: Azië (4,4%), Amerika (3,3%), Oceanië (3,2%), Afrika (2,6%) en Europa (1,8%).

Leiders. De huishoudelijke uitgaven van de wereld in de jaren 1990 bestond uit: Verenigde Staten (29,0%), Japan (13,6%), Duitsland (7,2%), Verenigd Koninkrijk (5,2%), Frankrijk (4,6%), en andere (40,3%). Het aandeel van de huishoudelijke uitgaven in BBP van de leiders: Verenigd Koninkrijk (66,7%), Verenigde Staten (64,7%), Duitsland (56,1%), Frankrijk (54,7%) en Japan (52,9%). De huishoudelijke uitgaven per hoofd in de wereld onder de leiders: Verenigde Staten ($18.538,8), Japan ($18.170,3), Verenigd Koninkrijk ($15.280,6), Duitsland ($15.158,9) en Frankrijk ($13.185,2). De groei van de huishoudelijke uitgaven onder de leiders: Verenigde Staten (3,4%), Verenigd Koninkrijk (2,8%), Duitsland (2,1%), Japan (1,8%) en Frankrijk (1,8%).

de jaren 2000

De huishoudelijke uitgaven van de wereld bedroeg in de jaren 2000 US$27,4 biljoen per jaar.

Het aandeel van de huishoudelijke uitgaven in het BBP van de wereld was 58,6% in de jaren 2000, en was vergelijkbaar met Zuid-Azië (58,8%), Melanesië (58,5%), Hongkong (58,9%).

De huishoudelijke uitgaven per hoofd in de wereld was $4.208,2 in de jaren 2000s, en was vergelijkbaar met Oman (US$4,3 duizend), Libanon (US$4,3 duizend), Turkije (US$4,3 duizend).

De groei van de huishoudelijke uitgaven in de wereld bedroeg 3% in de jaren 2000, en was vergelijkbaar met Hongkong (3,0%), Turkije (3,0%), Ivoorkust (3,1%).

Regio's. De huishoudelijke uitgaven van de wereld in de jaren 2000 bestond uit: Amerika (40,2%), Europa (31,8%), Azië (23,8%), Afrika (2,4%) en Oceanië (1,7%). Het aandeel van de huishoudelijke uitgaven in het BBP van regio's: Amerika (65,8%), Afrika (59,9%), Oceanië (57,0%), Europa (56,4%) en Azië (51,9%). De huishoudelijke uitgaven per hoofd van de bevolking in regio's: Oceanië ($14.250,8), Amerika ($12.522,4), Europa ($11.901,2), Azië ($1.649,6) en Afrika ($735,9). De groei van de huishoudelijke uitgaven in regio's: Afrika (6,0%), Azië (4,4%), Oceanië (3,6%), Amerika (2,7%) en Europa (2,0%).

Leiders. De huishoudelijke uitgaven van de wereld in de jaren 2000 bestond uit: Verenigde Staten (30,9%), Japan (9,5%), Duitsland (5,6%), Verenigd Koninkrijk (5,5%), Frankrijk (4,2%), en andere (44,2%). Het aandeel van de huishoudelijke uitgaven in BBP van de leiders: Verenigde Staten (67,2%), Verenigd Koninkrijk (65,0%), Japan (55,9%), Duitsland (55,7%) en Frankrijk (54,3%). De huishoudelijke uitgaven per hoofd in de wereld onder de leiders: Verenigde Staten ($28.799,1), Verenigd Koninkrijk ($24.959,3), Japan ($20.355,9), Duitsland ($18.912,2) en Frankrijk ($18.146,8). De groei van de huishoudelijke uitgaven onder de leiders: Verenigde Staten (2,4%), Verenigd Koninkrijk (2,1%), Frankrijk (2,0%), Japan (0,81%) en Duitsland (0,46%).

de jaren 2010

De huishoudelijke uitgaven van de wereld bedroeg in de jaren 2010 US$44,1 biljoen per jaar.

Het aandeel van de huishoudelijke uitgaven in het BBP van de wereld was 56,8% in de jaren 2010, en was vergelijkbaar met Australazië (56,8%), Noord-Europa (56,6%), Oceanië (56,9%).

De huishoudelijke uitgaven per hoofd in de wereld was $6.018,5 in de jaren 2010s, en was vergelijkbaar met Dominica (US$6,0 duizend), Oost-Europa (US$6,0 duizend), de Cookeilanden (US$6,0 duizend).

De groei van de huishoudelijke uitgaven in de wereld bedroeg 2.8% in de jaren 2010, en was vergelijkbaar met Letland (2,8%), Zimbabwe (2,8%), Madagaskar (2,8%).

Regio's. De huishoudelijke uitgaven van de wereld in de jaren 2010 bestond uit: Amerika (38,4%), Azië (29,7%), Europa (26,3%), Afrika (3,4%) en Oceanië (2,1%). Het aandeel van de huishoudelijke uitgaven in het BBP van regio's: Amerika (66,6%), Afrika (65,3%), Oceanië (56,9%), Europa (55,4%) en Azië (48,0%). De huishoudelijke uitgaven per hoofd van de bevolking in regio's: Oceanië ($24.058,7), Amerika ($17.389,9), Europa ($15.614,2), Azië ($2.977,2) en Afrika ($1.292,9). De groei van de huishoudelijke uitgaven in regio's: Azië (4,9%), Afrika (3,3%), Oceanië (2,3%), Amerika (2,2%) en Europa (1,3%).

Leiders. De huishoudelijke uitgaven van de wereld in de jaren 2010 bestond uit: Verenigde Staten (27,6%), China (8,9%), Japan (6,8%), Duitsland (4,4%), Verenigd Koninkrijk (4,0%), en andere (48,2%). Het aandeel van de huishoudelijke uitgaven in BBP van de leiders: Verenigde Staten (67,9%), Verenigd Koninkrijk (64,4%), Japan (57,1%), Duitsland (53,5%) en China (37,4%). De huishoudelijke uitgaven per hoofd in de wereld onder de leiders: Verenigde Staten ($38.161,2), Verenigd Koninkrijk ($27.164,8), Duitsland ($23.925,0), Japan ($23.352,2) en China ($2.801,9). De groei van de huishoudelijke uitgaven onder de leiders: China (8,3%), Verenigde Staten (2,4%), Verenigd Koninkrijk (1,8%), Duitsland (1,4%) en Japan (0,64%).

Hoofdstuk XIV. Voedsel consumptie

Tijdens de onderzoeksperiode groeide de voedselconsumptie in noten (in 2,6 keer), groenten (in 2,2 keer), specerijen (in 2,1 keer), plantaardige oliën (met 78,0%), eieren (met 71,6%), fruit (met 71,0%), vis (met 66,2%), vlees (met 50,1%), stimulerende middelen (met 34,5%), melk (met 18,7%), alcoholische dranken (met 12,0%), granen (met 6,2%), suiker (met 4,8%), maar daalde in peulvruchten (met 0,52%), zetmeelrijke wortels (met 14,1%).

Dit zijn de correlatiecoëfficiënten tussen het bni per hoofd van de bevolking in constante prijzen en de voedselconsumptie: specerijen (0.999), fruit (0.997), vis (0.994), vlees (0.991), noten (0.99), stimulerende middelen (0.989), groenten (0.987), eieren (0.978), melk (0.947), plantaardige oliën (0.945), alcoholische dranken (0.858), suiker (0.589), granen (0.392), peulvruchten (0.085), zetmeelrijke wortels (-0.328).

de jaren 1970

De consumptie van kcal in de wereld was 2.403,2 kcal/hoofd/dag in the 1970s, and was on a par with Fiji (2.400,4 kcal/hoofd/dag), Costa Rica (2.396,6 kcal/hoofd/dag), de Bahama's (2.393,8 kcal/hoofd/dag). De structuur van de consumptie: granen (49.8%), suiker (9.4%), zetmeelrijke wortels (6.9%), plantaardige oliën (6.4%), vlees (5.9%), en anderen (21.6%).

De consumptie van eiwitten in de wereld was 65,0 g/hoofd/dag in the 1970s, and was on a par with Libanon (64,9 g/hoofd/dag), Kiribati (65,1 g/hoofd/dag), Micronesië (65,1 g/hoofd/dag). De structuur van de consumptie: granen (46.1%), vlees (14.9%), melk (10.5%), peulvruchten (6.3%), vis (5.2%), en anderen (17%).

De consumptie van vet in de wereld was 55,1 g/hoofd/dag in the 1970s, and was on a par with Chili (55,3 g/hoofd/dag), Costa Rica (55,4 g/hoofd/dag), Mauritius (55,5 g/hoofd/dag). De structuur van de consumptie: plantaardige oliën (31.5%), vlees (19.9%), melk (11.3%), granen (10%), eieren (2.6%), en anderen (24.7%).

Dit zijn niveaus van voedselconsumptie: granen (138,4 kg/hoofd/jr), melk (75,8 kg/hoofd/jr), zetmeelrijke wortels (71,8 kg/hoofd/jr), groenten (62,4 kg/hoofd/jr), fruit (44,4 kg/hoofd/jr), alcoholische dranken (33,2 kg/hoofd/jr), vlees (28,4 kg/hoofd/jr), suiker (23,3 kg/hoofd/jr), vis (11,4 kg/hoofd/jr), peulvruchten (7,0 kg/hoofd/jr), plantaardige oliën (6,4 kg/hoofd/jr), eieren (5,3 kg/hoofd/jr), stimulerende middelen (1,9 kg/hoofd/jr), noten (0,89 kg/hoofd/jr), specerijen (0,58 kg/hoofd/jr).

de jaren 1980

De consumptie van kcal in de wereld was 2.572,3 kcal/hoofd/dag in the 1980s, and was on a par with Jamaica (2.574,4 kcal/hoofd/dag), Samoa (2.567,6 kcal/hoofd/dag), Costa Rica (2.590,0 kcal/hoofd/dag). De structuur van de consumptie: granen (50.6%), suiker (9.2%), plantaardige oliën (7.8%), vlees (6.3%), zetmeelrijke wortels (5.3%), en anderen (20.8%).

De consumptie van eiwitten in de wereld was 69,1 g/hoofd/dag in the 1980s, and was on a par with Algerije (68,9 g/hoofd/dag). De structuur van de consumptie: granen (47.2%), vlees (15.5%), melk (10.2%), peulvruchten (5.4%), vis (5.3%), en anderen (16.4%).

De consumptie van vet in de wereld was 63,2 g/hoofd/dag in the 1980s, and was on a par with Panama (63,2 g/hoofd/dag), de Caraïben (63,1 g/hoofd/dag), Zuidelijk Afrika (62,8 g/hoofd/dag). De structuur van de consumptie: plantaardige oliën (35.7%), vlees (20.4%), melk (10.1%), granen (9.4%), eieren (2.6%), en anderen (21.8%).

Dit zijn niveaus van voedselconsumptie: granen (148,9 kg/hoofd/jr), melk (77,7 kg/hoofd/jr), groenten (72,1 kg/hoofd/jr), zetmeelrijke wortels (59,3 kg/hoofd/jr), fruit (48,4 kg/hoofd/jr), alcoholische dranken (33,5 kg/hoofd/jr), vlees (31,5 kg/hoofd/jr), suiker (24,5 kg/hoofd/jr), vis (12,5 kg/hoofd/jr), plantaardige oliën (8,4 kg/hoofd/jr), peulvruchten (6,3 kg/hoofd/jr), eieren (5,9 kg/hoofd/jr), stimulerende middelen (2,0 kg/hoofd/jr), noten (0,93 kg/hoofd/jr), specerijen (0,66 kg/hoofd/jr).

de jaren 1990

De consumptie van kcal in de wereld was 2.652,6 kcal/hoofd/dag in the 1990s, and was on a par with Oost-Azië (2.658,0 kcal/hoofd/dag), Saint Lucia (2.662,9 kcal/hoofd/dag), Macau (2.670,7 kcal/hoofd/dag). De structuur van de consumptie: granen (49.7%), suiker (8.7%), plantaardige oliën (8.6%), vlees (7%), zetmeelrijke wortels (5%), en anderen (21%).

De consumptie van eiwitten in de wereld was 72,1 g/hoofd/dag in the 1990s, and was on a par with Zuidelijk Afrika (72,0 g/hoofd/dag), Mauritius (71,8 g/hoofd/dag), Jordanië (71,8 g/hoofd/dag). De structuur van de consumptie: granen (45.8%), vlees (16.3%), melk (9.6%), vis (5.6%), peulvruchten (4.9%), en anderen (17.8%).

De consumptie van vet in de wereld was 69,0 g/hoofd/dag in the 1990s, and was on a par with Turkmenistan (69,1 g/hoofd/dag), Belize (69,4 g/hoofd/dag), Kroatië (69,4 g/hoofd/dag). De structuur van de consumptie: plantaardige oliën (37.4%), vlees (21.9%), melk (9.3%), granen (8.7%), eieren (2.8%), en anderen (19.9%).

Dit zijn niveaus van voedselconsumptie: granen (150,4 kg/hoofd/jr), groenten (88,4 kg/hoofd/jr), melk (76,3 kg/hoofd/jr), zetmeelrijke wortels (58,7 kg/hoofd/jr), fruit (54,7 kg/hoofd/jr), vlees (34,7 kg/hoofd/jr), alcoholische dranken (32,2 kg/hoofd/jr), suiker (23,9 kg/hoofd/jr), vis (14,4 kg/hoofd/jr), plantaardige oliën (9,5 kg/hoofd/jr), eieren (7,1 kg/hoofd/jr), peulvruchten (6,0 kg/hoofd/jr), stimulerende middelen (2,1 kg/hoofd/jr), noten (1,2 kg/hoofd/jr), specerijen (0,79 kg/hoofd/jr).

de jaren 2000

De consumptie van kcal in de wereld was 2.765,9 kcal/hoofd/dag in the 2000s, and was on a par with Belize (2.769,8 kcal/hoofd/dag), Bulgarije (2.771,2 kcal/hoofd/dag), Nieuw-Caledonië (2.771,5 kcal/hoofd/dag). De structuur van de consumptie: granen (46.8%), plantaardige oliën (9.4%), suiker (8.4%), vlees (7.7%), zetmeelrijke wortels (5%), en anderen (22.7%).

De consumptie van eiwitten in de wereld was 76,5 g/hoofd/dag in the 2000s, and was on a par with Mongolië (76,4 g/hoofd/dag), Zuidelijk Afrika (76,6 g/hoofd/dag), Antigua en Barbuda (76,7 g/hoofd/dag). De structuur van de consumptie: granen (42%), vlees (17.2%), melk (9.9%), vis (6.2%), groenten (5.5%), en anderen (19.2%).

De consumptie van vet in de wereld was 76,9 g/hoofd/dag in the 2000s. De structuur van de consumptie: plantaardige oliën (38.1%), vlees (22.5%), melk (9%), granen (7.7%), eieren (3%), en anderen (19.7%).

Dit zijn niveaus van voedselconsumptie: granen (147,1 kg/hoofd/jr), groenten (122,3 kg/hoofd/jr), melk (82,9 kg/hoofd/jr), fruit (66,6 kg/hoofd/jr), zetmeelrijke wortels (61,4 kg/hoofd/jr), vlees (39,1 kg/hoofd/jr), alcoholische dranken (35,0 kg/hoofd/jr), suiker (24,3 kg/hoofd/jr), vis (17,1 kg/hoofd/jr), plantaardige oliën (10,7 kg/hoofd/jr), eieren (8,4 kg/hoofd/jr), peulvruchten (6,1 kg/hoofd/jr), stimulerende middelen (2,4 kg/hoofd/jr), noten (1,7 kg/hoofd/jr), specerijen (1,0 kg/hoofd/jr).

de jaren 2010

De consumptie van kcal in de wereld was 2.869,3 kcal/hoofd/dag in the 2010s, and was on a par with Costa Rica (2.857,0 kcal/hoofd/dag), Macau (2.886,5 kcal/hoofd/dag), Turkmenistan (2.849,8 kcal/hoofd/dag). De structuur van de consumptie: granen (45.1%), plantaardige oliën (9.6%), suiker (8.1%), vlees (8.1%), zetmeelrijke wortels (4.9%), en anderen (24.2%).

De consumptie van eiwitten in de wereld was 80,6 g/hoofd/dag in the 2010s, and was on a par with Hongarije (80,7 g/hoofd/dag), Jordanië (80,8 g/hoofd/dag), Niger (80,9 g/hoofd/dag). De structuur van de consumptie: granen (39.5%), vlees (17.8%), melk (10.2%), vis (6.5%), groenten (6%), en anderen (20%).

De consumptie van vet in de wereld was 82,4 g/hoofd/dag in the 2010s, and was on a par with Brunei (81,9 g/hoofd/dag). De structuur van de consumptie: plantaardige oliën (37.6%), vlees (23.1%), melk (9.1%), granen (7.1%), eieren (3%), en anderen (20.1%).

Dit zijn niveaus van voedselconsumptie: granen (147,0 kg/hoofd/jr), groenten (137,4 kg/hoofd/jr), melk (90,0 kg/hoofd/jr), fruit (75,9 kg/hoofd/jr), zetmeelrijke wortels (62,9 kg/hoofd/jr), vlees (42,6 kg/hoofd/jr), alcoholische dranken (37,2 kg/hoofd/jr), suiker (24,4 kg/hoofd/jr), vis (19,0 kg/hoofd/jr), plantaardige oliën (11,5 kg/hoofd/jr), eieren (9,0 kg/hoofd/jr), peulvruchten (7,0 kg/hoofd/jr), stimulerende middelen (2,6 kg/hoofd/jr), noten (2,3 kg/hoofd/jr), specerijen (1,2 kg/hoofd/jr).

Part V. Reproductie

Hoofdstuk XV. Bruto-investeringen in vaste activa

De bruto-investeringen in vaste activa van de wereld steeg van US$1,8 biljoen per jaar in de jaren 1970 tot US$19,2 biljoen per jaar in de jaren 2010, dat wil zeggen met US$17,5 biljoen of 11,0 keer. De verandering vond plaats op US$12,9 biljoen als gevolg van een 3,0-voudige stijging van de prijzen, en ook op US$3,2 biljoen als gevolg van een 2,0-voudige toename van het tarief per hoofd , evenals op US$1,4 biljoen als gevolg van de toename van de bevolking. De gemiddelde jaarlijkse groei van de investeringen in vaste activa is 3,4%. De minimumwaarde van de investeringen in vaste activa bedroeg US$893,0 miljard in 1970. De maximumwaarde van de investeringen in vaste activa bedroeg US$22,4 biljoen in 2019.

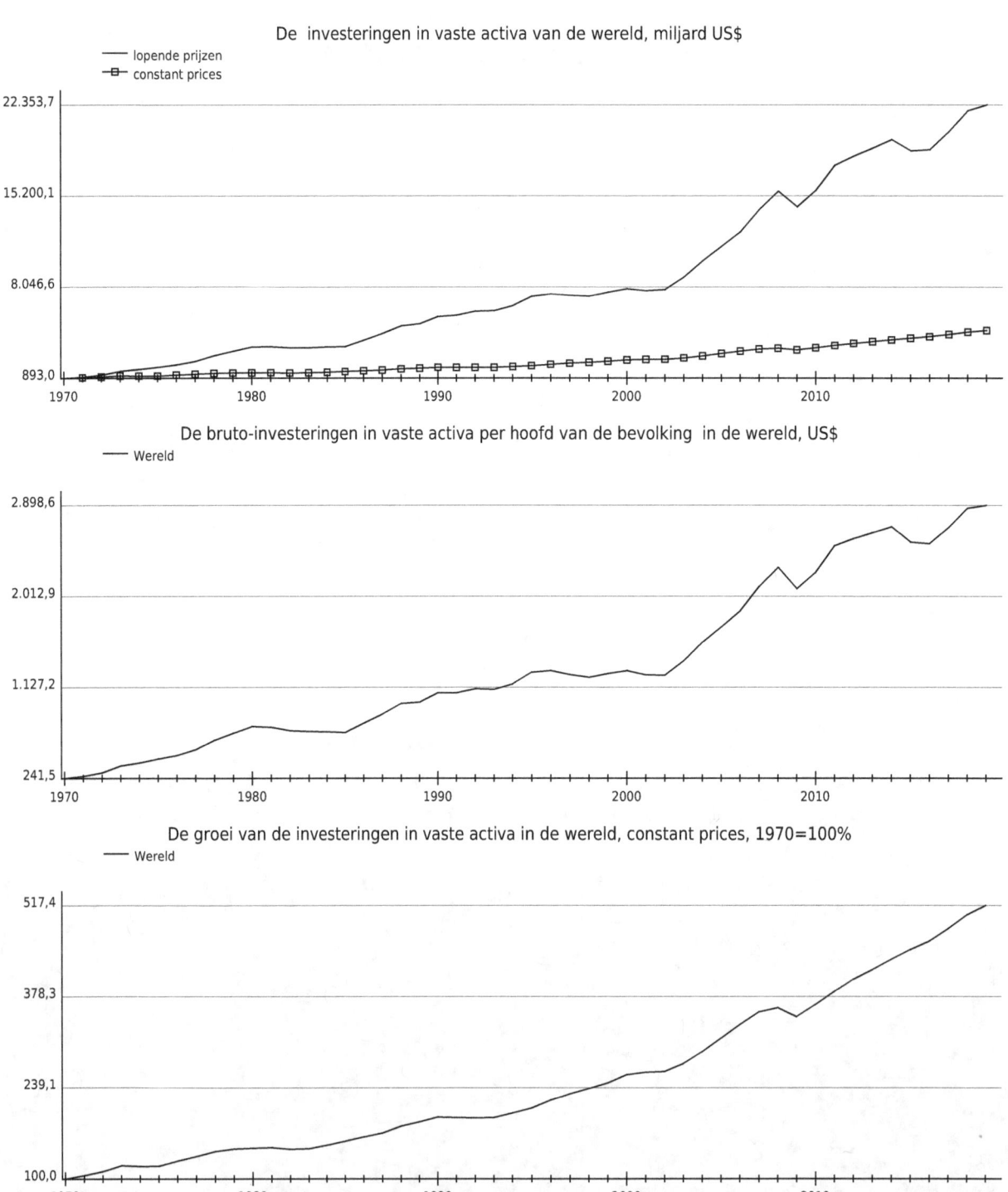

De investeringen in vaste activa van de wereld, miljard US$

De bruto-investeringen in vaste activa per hoofd van de bevolking in de wereld, US$

De groei van de investeringen in vaste activa in de wereld, constant prices, 1970=100%

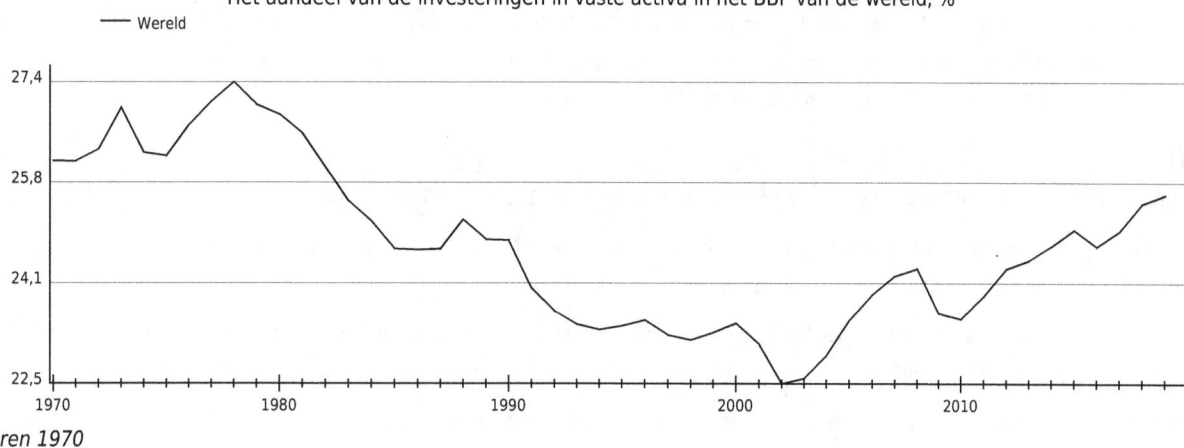

Het aandeel van de investeringen in vaste activa in het BBP van de wereld, %

de jaren 1970

De investeringen in vaste activa van de wereld bedroeg in de jaren 1970 US$1,8 biljoen per jaar.

Het aandeel van de investeringen in vaste activa in het BBP van de wereld was 26,7% in de jaren 1970, en was vergelijkbaar met Thailand (26,8%), Australazië (26,8%), Belize (26,6%).

De investeringen in vaste activa per hoofd in de wereld was $433,5 in de jaren 1970s, en was vergelijkbaar met Argentinië (US$434,4), Anguilla (US$444,0).

De groei van de investeringen in vaste activa in de wereld bedroeg 4.2% in de jaren 1970, en was vergelijkbaar met Bermuda (4,2%), Tanzania (4,2%), Albanië (4,2%).

Regio's. De bruto-investeringen in vaste activa van de wereld in de jaren 1970 bestond uit: Europa (42,2%), Amerika (29,2%), Azië (20,0%), Afrika (6,8%) en Oceanië (1,8%). Het aandeel van de investeringen in vaste activa in het BBP van regio's: Afrika (44,7%), Azië (28,8%), Europa (27,6%), Oceanië (26,6%) en Amerika (22,6%). De bruto-investeringen in vaste activa per hoofd van de bevolking in regio's: Oceanië ($1.437,8), Europa ($1.018,0), Amerika ($913,4), Afrika ($289,8) en Azië ($151,1). De groei van de investeringen in vaste activa in regio's: Afrika (7,1%), Azië (6,2%), Amerika (5,3%), Oceanië (2,6%) en Europa (2,4%).

Leiders. De bruto-investeringen in vaste activa van de wereld in de jaren 1970 bestond uit: Verenigde Staten (21,8%), Sovjet-Unie (12,3%), Japan (10,9%), Duitsland (7,2%), Frankrijk (4,7%), en andere (43,1%). Het aandeel van de investeringen in vaste activa in BBP van de leiders: Japan (34,3%), Sovjet-Unie (33,0%), Duitsland (26,0%), Frankrijk (24,9%) en Verenigde Staten (22,3%). De investeringen in vaste activa per hoofd in de wereld onder de leiders: Verenigde Staten ($1.750,0), Japan ($1.720,7), Duitsland ($1.597,2), Frankrijk ($1.545,4) en Sovjet-Unie ($850,9). De groei van de investeringen in vaste activa onder de leiders: Verenigde Staten (4,4%), Japan (3,9%), Sovjet-Unie (3,2%), Frankrijk (2,7%) en Duitsland (1,5%).

de jaren 1980

De investeringen in vaste activa van de wereld bedroeg in de jaren 1980 US$3,8 biljoen per jaar.

Het aandeel van de investeringen in vaste activa in het BBP van de wereld was 25,3% in de jaren 1980, en was vergelijkbaar met Cuba (25,3%), Zuidoost-Azië (25,2%), de Seychellen (25,1%).

De investeringen in vaste activa per hoofd in de wereld was $790,9 in de jaren 1980s, en was vergelijkbaar met Puerto Rico (US$799,3), Zuidwest-Azië (US$780,4).

De groei van de investeringen in vaste activa in de wereld bedroeg 2.5% in de jaren 1980.

Regio's. De investeringen in vaste activa van de wereld in de jaren 1980 bestond uit: Europa (35,1%), Amerika (32,0%), Azië (25,9%), Afrika (5,1%) en Oceanië (1,8%). Het aandeel van de investeringen in vaste activa in het BBP van regio's: Afrika (36,4%), Azië (28,6%), Oceanië (27,2%), Europa (24,7%) en Amerika (22,6%). De bruto-investeringen in vaste activa per hoofd van de bevolking in regio's: Oceanië ($2.826,6), Amerika ($1.848,1), Europa ($1.748,4), Afrika ($362,0) en Azië ($349,2). De groei van de investeringen in vaste activa in regio's: Oceanië (4,9%), Azië (4,8%), Europa (2,2%), Amerika (1,9%) en Afrika (-3,3%).

Leiders. De bruto-investeringen in vaste activa van de wereld in de jaren 1980 bestond uit: Verenigde Staten (25,1%), Japan (15,0%), Sovjet-Unie (7,1%), Duitsland (6,2%), Frankrijk (4,3%), en andere (42,4%). Het aandeel van de investeringen in vaste activa in BBP van de leiders: Japan (31,5%), Sovjet-Unie (30,6%), Duitsland (24,1%), Verenigde Staten (23,0%) en Frankrijk (22,5%). De bruto-investeringen in vaste activa per hoofd in de wereld onder de leiders: Japan ($4.713,7), Verenigde Staten ($4.002,1), Duitsland ($3.052,1), Frankrijk ($2.907,7) en Sovjet-Unie ($984,8). De groei van de investeringen in vaste activa onder de leiders: Japan (4,8%), Verenigde Staten (3,1%), Frankrijk (2,4%), Sovjet-Unie (1,7%) en Duitsland (1,4%).

de jaren 1990

De bruto-investeringen in vaste activa van de wereld bedroeg in de jaren 1990 US$6,7 biljoen per jaar.

Het aandeel van de investeringen in vaste activa in het BBP van de wereld was 23,6% in de jaren 1990, en was vergelijkbaar met de Bahama's (23,6%), Rusland (23,5%), Jamaica (23,5%).

De bruto-investeringen in vaste activa per hoofd in de wereld was $1.183,8 in de jaren 1990s, en was vergelijkbaar met Barbados (US$1.198,7), Argentinië (US$1.156,9).

De groei van de investeringen in vaste activa in de wereld bedroeg 2.8% in de jaren 1990.

Regio's. De bruto-investeringen in vaste activa van de wereld in de jaren 1990 bestond uit: Azië (34,0%), Europa (31,8%), Amerika (30,8%), Afrika (1,8%) en Oceanië (1,6%). Het aandeel van de investeringen in vaste activa in het BBP van regio's: Azië (29,5%), Oceanië (23,9%), Europa (21,9%), Afrika (20,8%) en Amerika (20,7%). De investeringen in vaste activa per hoofd van de bevolking in regio's: Oceanië ($3.689,1), Europa ($2.956,1), Amerika ($2.694,1), Azië ($661,5) en Afrika ($173,2). De groei van de investeringen in vaste activa in regio's: Amerika (4,4%), Azië (4,3%), Oceanië (3,9%), Afrika (3,2%) en Europa (0,024%).

Leiders. De investeringen in vaste activa van de wereld in de jaren 1990 bestond uit: Verenigde Staten (23,8%), Japan (19,5%), Duitsland (7,7%), Frankrijk (4,4%), Verenigd Koninkrijk (3,7%), en andere (40,9%). Het aandeel van de investeringen in vaste activa in BBP van de leiders: Japan (30,4%), Duitsland (23,9%), Verenigde Staten (21,2%), Frankrijk (20,9%) en Verenigd Koninkrijk (18,8%). De bruto-investeringen in vaste activa per hoofd in de wereld onder de leiders: Japan ($10.425,9), Duitsland ($6.456,6), Verenigde Staten ($6.067,2), Frankrijk ($5.039,5) en Verenigd Koninkrijk ($4.319,1). De groei van de investeringen in vaste activa onder de leiders: Verenigde Staten (4,8%), Duitsland (2,4%), Verenigd Koninkrijk (1,7%), Frankrijk (1,5%) en Japan (0,18%).

de jaren 2000

De investeringen in vaste activa van de wereld bedroeg in de jaren 2000 US$11,0 biljoen per jaar.

Het aandeel van de investeringen in vaste activa in het BBP van de wereld was 23,6% in de jaren 2000, en was vergelijkbaar met Nigeria (23,6%), Litouwen (23,6%), Oostenrijk (23,6%).

De bruto-investeringen in vaste activa per hoofd in de wereld was $1.690,7 in de jaren 2000s, en was vergelijkbaar met Turkije (US$1.698,1), Polen (US$1.678,5), Oost-Azië (US$1.652,2).

De groei van de investeringen in vaste activa in de wereld bedroeg 3.5% in de jaren 2000, en was vergelijkbaar met Paraguay (3,5%), Costa Rica (3,5%).

Regio's. De investeringen in vaste activa van de wereld in de jaren 2000 bestond uit: Amerika (32,6%), Azië (32,6%), Europa (30,5%), Afrika (2,3%) en Oceanië (2,0%). Het aandeel van de investeringen in vaste activa in het BBP van regio's: Azië (28,5%), Oceanië (26,4%), Afrika (22,9%), Europa (21,7%) en Amerika (21,4%). De investeringen in vaste activa per hoofd van de bevolking in regio's: Oceanië ($6.596,9), Europa ($4.590,9), Amerika ($4.079,3), Azië ($905,5) en Afrika ($280,9). De groei van de investeringen in vaste activa in regio's: Azië (6,8%), Afrika (5,6%), Oceanië (5,0%), Europa (1,6%) en Amerika (1,3%).

Leiders. De investeringen in vaste activa van de wereld in de jaren 2000 bestond uit: Verenigde Staten (25,1%), Japan (10,5%), China (9,4%), Duitsland (5,1%), Frankrijk (4,2%), en andere (45,7%). Het aandeel van de investeringen in vaste activa in BBP van de leiders: China (40,0%), Japan (24,7%), Frankrijk (22,1%), Verenigde Staten (21,9%) en Duitsland (20,2%). De investeringen in vaste activa per hoofd in de wereld onder de leiders: Verenigde Staten ($9.376,4), Japan ($8.981,8), Frankrijk ($7.386,7), Duitsland ($6.851,1) en China ($782,2). De groei van de investeringen in vaste activa onder de leiders: China (13,4%), Frankrijk (1,6%), Verenigde Staten (0,43%), Duitsland (-0,56%) en Japan (-2,0%).

de jaren 2010

De bruto-investeringen in vaste activa van de wereld bedroeg in de jaren 2010 US$19,2 biljoen per jaar.

Het aandeel van de investeringen in vaste activa in het BBP van de wereld was 24,7% in de jaren 2010, en was vergelijkbaar met

Maleisië (24,6%), Angola (24,9%), Oceanië (25,0%).

De investeringen in vaste activa per hoofd in de wereld was $2.621,1 in de jaren 2010s, en was vergelijkbaar met Rusland (US$2,6 duizend), Polen (US$2,6 duizend), Griekenland (US$2,6 duizend).

De groei van de investeringen in vaste activa in de wereld bedroeg 4.1% in de jaren 2010, en was vergelijkbaar met Guinee-Bissau (4,0%), Noord-Europa (4,1%).

Regio's. De investeringen in vaste activa van de wereld in de jaren 2010 bestond uit: Azië (46,0%), Amerika (26,8%), Europa (22,4%), Afrika (2,7%) en Oceanië (2,2%). Het aandeel van de investeringen in vaste activa in het BBP van regio's: Azië (32,3%), Oceanië (25,0%), Afrika (22,2%), Europa (20,5%) en Amerika (20,2%). De bruto-investeringen in vaste activa per hoofd van de bevolking in regio's: Oceanië ($10.543,6), Europa ($5.775,6), Amerika ($5.284,2), Azië ($2.007,4) en Afrika ($440,4). De groei van de investeringen in vaste activa in regio's: Azië (6,0%), Afrika (3,1%), Amerika (2,9%), Europa (2,2%) en Oceanië (1,3%).

Leiders. De bruto-investeringen in vaste activa van de wereld in de jaren 2010 bestond uit: China (23,5%), Verenigde Staten (18,7%), Japan (6,3%), Duitsland (3,9%), India (3,6%), en andere (43,9%). Het aandeel van de investeringen in vaste activa in BBP van de leiders: China (43,0%), India (31,5%), Japan (23,1%), Duitsland (20,6%) en Verenigde Staten (20,0%). De investeringen in vaste activa per hoofd in de wereld onder de leiders: Verenigde Staten ($11.264,9), Japan ($9.460,2), Duitsland ($9.192,9), China ($3.224,9) en India ($535,2). De groei van de investeringen in vaste activa onder de leiders: China (8,0%), India (5,8%), Verenigde Staten (3,8%), Duitsland (2,8%) en Japan (1,8%).